008
학지컴인사이트총서

디지털 고객 경험을

Public communication
to brand the digital
customer experience

브랜딩하는

김정렴 저

공공소통

디지털 시대의 공공소통 환경과 과제

전통 미디어를 주로 활용하는 마케팅의 시대가 서서히 저물어 가고 있다. 과거에는 제조사의 마케팅을 대행하는 광고 회사가 제작한 광고제작물은 전파와 지면을 타고 쉽게 전달이 가능했다. 예산의 규모에 따라 달라지기는 하지만, 소비자에게 미치는 영향력이 컸던 전통 미디어에의 노출은 수백만의 사람들에게 쉽게 전달되고 그들의 심리와 행동에 영향을 미쳤다. 전통적 관점의 미디어 마케팅은 여러 분야의 이론과 실무적 노하우로 모든 산업 영역에 다양한 형태로 뿌리내렸다. 하지만 인터넷에 연결된 컴퓨터를 통해 사람들이 정보를 공유할 수 있는 정보 공간 월드 와이드 웹(World Wide Web)은 온라인이라는 미디어를 등장시켰다.

미디어 환경의 변화가 전환기를 맞게 되는 것은 진화한 디지털 기술 덕분에 등장한 페이스북(2004년), 트위터(2006년)와 같은 소셜 미디어이다. 막대한 자본, 콘텐츠를 생산, 복제, 유통할 수 있는 인력과 자원을 가진 회사를 미디어라 정의해 왔는데, 소셜 미디어 플랫폼에서는 누구나 쉽게 콘텐츠를 생산할 수 있게 되었다. 복제, 유통의 전통적 패러다임은 '공유'라는 확산 방식으로 해결되었다. 마케팅 채널로서 소셜 미디어의 등장이 가져온 영향은 더 컸다. 기존의 미디어 환경에서 수동적인 소비에 머무르던 사람들이 정보를 검색하고 공유할 수 있는 적극적 소비자로 전환되었다. 정보를 인지하고 구매에 이르는 소비자 의사 결정 과정의 주체로 바뀌게 되었다. 과거 전통 미디어 기반의 마케팅 활동은 기업이 추구해 온 마케팅 목표의 달성 과정을 정확하게 알기 어려웠다. 광고 노출이 소비자의 생각과 행동을 바꿀 것이라는 위계적 이론은 풍부했으나 미디어 노출과 소비자 인지/행동의 반응과의 상관성을 설명하지 못했다. 미디어를 선택하는 전략적 판단을 정의하는 개념인 미디어 믹스의 기준도 완전하지 못했다. 하지만 디지털 미디어 환경에서는 고객 구매 여정(Consumer Decision Journey)에 대한 평가가 가능해졌다. 마케팅 예산의 집행 근거가 명확해진 디지털 마케팅이 기존 매스 마케팅을 앞지르기 시작한 이유이다. 2019년 국내 모바일 광고비 규모는 약 3조 3천억 원으로 지상파TV 1조 2천억 원 대비 큰 차이를 보이고 있고, 많은 전문가가 이 차이는 더 벌어질 것으로 전망하고 있다.

기업의 마케팅 활동이 디지털로 전환하는 과정의 변화 속에 공공의 소통도 자유로울 수는 없다. 정부 커뮤니케이션은 모든 사회적 수준에서 다양한 채널을 통해 수행된다. 정부 커뮤니케이션의 목적은 국가의 사상과 이상, 제도 및 정책에 대한 이해를 이끌어 내는 것이다. 즉, 정부 커뮤니케이션은 사회의 화합을 위한 것이며, 정부 커뮤니케이션의 핵심 전략은 기관과 시민의 조화로운 관계를 만드는 것이기도 하다. 정부 홍보 부서는 목표 대중과의 접점을 넓히는 소통을 통해 정책을 홍보한다. 정부와 시민의 관계를 조화시키는 커뮤니케이션 전략은 정책 집행의 정당화에 기여하고 결과적으로 정책의 효과, 효율을 높이는 데 중요한 역할을 한다. 빠르게 변화하는 디지털 기술은 우리가 사는 방식, 사회가 작동하는 방식, 비즈니스를 수행하는 방식을 변화시키고 있다. 시대의 흐름에 따라 정부, 지방자치단체 등도 디지털 공공소통을 강화하고 있는데, 각 부처는 기관 공식 SNS 계정을 개설하여 운영하고 있다. 채널 운영에 필요한 다양한 유형의 디지털 콘텐츠를 제작, 발행하고 있고, 특정 기관의 창의적이고 유쾌한 콘텐츠가 일반 국민에게 크게 회자될 정도로 디지털 공공소통의 콘텐츠 제작 역량도 높다. 주요 정책 발표가 있는 경우는 유튜브 채널의 라이브 방송으로 직접 소통할 정도로 디지털 공공소통 활용 범위도 커지고 있다.

　디지털 커뮤니케이션으로 가능하게 된 직접 소통을 통해 목

대한민국 정부 유튜브 채널

표 집단과의 관계 형성에 대한 목표는 국가와 국민이 서로 소통하는 방식의 중심이 되었고, 정부는 이러한 기술을 채택하고 사회 변화에 적응하는 것 외에 선택의 여지가 거의 없다. 그렇지 않으면 시민에게 다가갈 수 있는 경로를 잃을 위험이 있다. 기본적으로 공공소통의 목표는 참여를 기반으로 한다. 민간 영역의 마케팅은 주로 판매를 위해 주도되지만 정부의 소통은 시민 행동과 참여를 유도하는 데 사용된다. 공공 부문은 하루 중 매 순간 올바른 디지털 메시지로 적절한 사람에게 적절한 시간에 도달함으로써 시민 행동을 변화시키고 있다. 코로나19 대유행의 시대에 시민은 예방 접종을 받기로 선택하고, 소상공인과 기업가는 환경에 맞추어 대응하는 등 정부의 커뮤니케이션이 그 어느 때보다 직접적이고 영향력이 크기 때문에 더욱 그렇다. 정부의 디지털 공공소통은 수평적이며, 더 많은 시민의 의견을 듣고 응답하고 참여시킬 수 있다. 더 많은 양의 정보를 빠르게 공유할 수 있고, 공개적인 담론에 대한 국민의 참여 진입 장벽이 낮아진다. 디지털 공공소통의 목표는 무엇일까? 더 많은 시민 대 시민, 시민 대 국가의 상호작용을 생성하고 관계를 맺고 참여를 조성함으로써 궁극적으로 메시지의 전달과 전파력이 강한 온·오프라인의 커뮤니티를 만드는 데 있을 것이다.

국토교통부 주택공급 정책 발표 유튜브 라이브 방송

음료 회사의 우주 점프 콘텐츠가 가져온 충격

2012년 10월 14일 오스트리아 출신의 펠릭스 바움가르트너 (Felix Baumgartner)는 미국 뉴멕시코 상공의 성층권, 약 39킬로 미터 지점에서 지상을 향해 뛰었다. 어떤 동력 장치도 없이 기밀복(혹은 여압복, pressure suit)만을 입고, 낙하 후 4분 19초 만에 낙하산을 펼쳐 지상에 안전하게 착륙하였다. 이 자유 낙하로 그는 음속보다 빠른 최초의 사람으로 기록되었다. 이 우주 점프는 카페인 에너지 음료를 생산하는 레드불 유한회사(Red Bull GmbH)가 기획한 '레드불 스트라토스(Red bull Stratos)'로 불리는 스카이다이빙 프로젝트이다. 이 프로젝트는 세계 최고의 전문가들로 구성된 팀이 수년에 걸쳐 일궈 낸 결과물이었다. 전 세계 수백만 명의 사람들이 인간 역사상 가장 위대했던 스카이다이빙을 지켜보았다. 레드불은 50개국 280개의 디지털 파트너와 페이스북, 트위터, 인스타그램, 구글+, 유튜브, 자체 웹사이트, 80개의 텔레비전 방송국을 통해 생중계했다. 유튜브는 800만 개 이상의 동시 생중계가 있었다고 보도했고, 채널 조회 수가 3억 5천만 건, 인스타그램에는 2만여 장의 사진, 페이스북에는 100만 건 이상의 좋아요, 82만 건의 긍정적 반응 콘텐츠 등의 놀라운 결과를 가져왔다(Socialsupermanager, 2020).

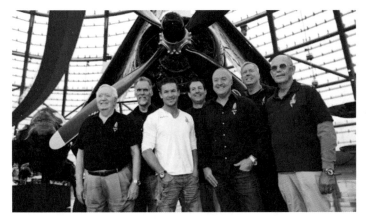

레드불 스트라토스 팀

출처: 레드불 홈페이지

어떻게 스포츠 음료를 판매하는 회사인 레드불의 콘텐츠가 전 세계의 주목을 받았을까? 한계를 극복하는 인간의 도전이라는 보편적 공감대가 우선 작용했는데, 바움가르트너의 점프는 '유인 우주 비행의 안전을 위한 새로운 문을 열었다'라는 분석이 지배적이다. 음속을 넘어 뛰어내리는 인간의 신체 변화에 대해 알려지지 않은 것이 많았다고 한다. 준비를 위한 5년 동안 항공우주 분야에서의 안전을 위한 장비와 절차를 개발하는 데 주력해 왔고, 낙하산 시스템이 이를 뒷받침한 것이다(레드불 홈페이지). 극한의 가속을 견뎌 내는 고성능, 고고도 낙하산 시스템의 개발을 위한 자료는 성층권을 통과하는 우주선 등이 긴급 대피하기 위한 새로운 아이디어의 개발에도 도움이 될 것이라고 평가받았다(Amos, 2012).

우리가 더 주목해서 봐야 할 것은 레드불 스트라토스는 창의적이고 과학적 가치가 큰 프로젝트인 동시에, 소비자에게 기존에 보지 못한 놀라운 경험을 제공하고 그들의 브랜드에 인게이지먼트를 높인 '콘텐츠'이기 때문이다. 레드불은 '사람과 아이디어에 날개를 달다(Giving wings to people and ideas)'라는 브랜드 미션을 가지고 있다. 그들의 비전은 '우리는 매우 효율적이고 수익성 있는 방식으로 우수한 고객 서비스를 제공할 때 에너지 음료 부문에서 리더십 위치를 유지하면서 레드불 표준을 유지하기 위해 최선을 다하고 있다. 우리는 직원들이 모범 사례를 공유하고 선택한 고용주로서 조직을 코칭하고 발전시키는 데 전념하는 문화를 만든다'라는 것이고, 가치(value)는 '고객(people)/아이디어(ideas)/문화(culture)'를 설정하고 있다. 레드불은 일반적으로 기업들이 광고를 중심으로 하는 마케팅 활동을 당연한 것으로 인식하던 시기에도, 저비용의 혁신적 마케팅을 추구, 브랜드와 프로모션에 더 많은 자원을 투여하여 마케팅 커뮤니케이션의 창조적 모델을 제시하였다. 레드불의 브랜드 전략을 이해하기 위해 레드불의 포지셔닝과 목표 청중을 살펴볼 필요가 있다. 레드불의 목표 청중은 모험적인 삶을 살고 있거나 그것을 지향하는 젊은 도시 남성으로 식별하는데, 이들은 일반적으로 익스트림 스포츠와 도전적인 취미 활동에 관심이 크다. '날개를 달다'라는 가치 제안의 반복을 통해 일관성을 유지하면서 레드불이 목표 청중에 추구하는 인지, 신체

성능의 끌어올림을 위한 노력을 선보였다. 목표 청중의 인지와 선호가 높은 대회 조직과 스포츠 팀의 후원, 인수 등 독점적인 익스트림 스포츠 프로모션을 통해 브랜드 인지도 역시 높아졌다. 동시에 레드불은 기획한 다양한 프로모션을 통해 일관되고 명확하며 지속적으로 목표 청중과의 소통을 추구하였는데, 레드불의 뛰어난 성공에 기여한 획기적 수단들이다.

브랜드 철학을 커뮤니케이션에 접목한 최고 스케일의 프로젝트인 레드불 스트라토스를 위해 '인간의 한계를 넘는 죽음의 도전' 콘셉트의 스토리를 만들고, 소비자의 상상력을 자극하였다. 이 상상력을 구체화하고, 이후의 콘텐츠 프로모션을 위해 성층권에 설치한 캡슐에는 9개의 HD 카메라, 3개의 디지털 영상 카메라, 3개의 디지털 스틸 카메라가 동원되었다. 바움가르트너의 신체에도 3개의 HD 카메라가 장착되었고, 그가 착륙한 지상에는 더 많은 영상 장비가 준비되었다. 그들이 구축한 별도의 사이트와 소셜 미디어를 통해 제공된 높은 품질의 이미지와 영상 클립은 소비자의 소셜 미디어 계정으로 퍼 나르기에 충분하였다. 기존에는 볼 수 없었던 완전히 새롭고 높은 공유 가치를 지닌 충격적인 콘텐츠는 브랜드 철학에서 출발하여 소비자에 대한 면밀한 분석, 브랜드 커뮤니케이션 관점에서 치밀하게 기획되었기에 디지털 콘텐츠로서 더욱 위력적이었다고 할 수 있다.

SpaceX 프로젝트에 열광하는 사람들

독자 여러분은 전기 자동차를 생산, 판매하는 회사인 테슬라와 최고경영자인 일론 머스크(Elon Musk)에 대해 한번쯤은 들어봤을 것이다. 할리우드 영화 〈아이언맨〉의 주인공 토니 스타크의 모델로도 알려진 그는 영화 속 토니 스타크처럼 과학적 상상을 현실화하는 많은 프로젝트를 진행한다. 스페이스엑스(SpaceX), 하이퍼루프(Hyperloop), 솔라시티(SolarCity), 뉴럴링크(Neuralink), 보링컴퍼니(The Boring Company) 등이 대표적이다. 대중적으로 가장 많이 알려진 스페이스엑스는 그가 설립한 항공우주 장비 제조사이며 우주 수송 회사인데, 이 회사가 개발한 우주 발사체 팰컨 9(Falcon 9)은 2010년 최초 발사한 이후, 기존에는 폐기하던 로켓 추진부를 재사용이 가능하게 만든 혁신적 수단이다. 로켓 재활용은 위성을 쏘아 올리는 비용을 극적으로 떨어뜨리는 대단한 아이디어가 아닐 수 없다.

우리나라의 위성도 팰컨 9을 이용한 경험이 있는데, 2017년 KT의 Koreasat 5A, 2020년 한국 군사 위성 등이 그 사례이다(Wikipedia). 스페이스엑스는 2018년 2월 플로리다주의 케이프 커내버럴(Cape Canaveral)에서 발사된 팰컨 헤비 로켓(Falcon Heavy rocket)의 진행 과정을 유튜브 라이브를 통해 중계하였고, 230만 건 이상의 동시 조회 수를 기록하였다. 이는 '레드불 스트라토스'에 이은 역사상 두 번째의 기록이다(Singleton, 2018). 어쩌면 우리의 실제 생활과는 다소 거리가 먼 (물론 우주에 대한 인간의 꿈은 모두의 관심이기는 하지만) 우주 발사체 개발의 도전이 어떻게 많은 사람의 관심을 이끌어 낸 것일까? 레드불의 사례처럼 놀라운 과학적 성과도 물론 있지만, 테슬라 역시 고유한 브랜드 철학을 가지고 있다. 테슬라의 브랜드 미션은 '지속가능한 에너지로의 전환을 가속화(accelerate the world's transition to sustainable energy)하는 것'이며, 이 브랜드 미션 아래 기술 개발과 커뮤니케이션이 이루어지고 있다. 고객 분석 및 접근 전략을 통해 프로젝트를 설명하고 소통해 온 브랜드의 힘이 그들의 콘텐츠에 열광하게 만들고 있는 것이다.

팰컨 9 추친체를 활용한 발사 대기 모습
출처: 스페이스엑스 홈페이지

성공하는 디지털 공공소통! 고유한 고객 경험을 제공하고 공유가치를 높이는 꾸준한 브랜드

소셜 미디어를 통한 콘텐츠 생산 통계를 간단히 소개한다. 전 세계에서 많은 사용자를 확보하고 있는 인스타그램은 1초마다 995개의 사진이 업로드된다고 한다(Omnicore, 2021). 영상 플랫폼 유튜브는 2019년 5월 기준 매 1분마다 500시간 이상 분량의 영상이 업로드되고(Statista, 2020), 통신환경으로 연결된 각종 소셜 미디어 공간에는 기업, 공공기관과 1인 미디어 생산자가 가세하여 콘텐츠로 넘쳐 나고 있다.

전통 미디어보다 소셜 미디어를 통한 콘텐츠 소비가 많아지면서 콘텐츠의 성공을 가늠하는 개념으로 공유가치(shareability)가 있다. 콘텐츠가 여러 미디어, 플랫폼에 확산될 수 있는 잠재력을 설명하며, 자발적으로 콘텐츠를 공유할 수 있는 가치를 가지고 있는지를 의미한다. 사실, 소비자에게 콘텐츠를 소비하게 하는 것과 공유하도록 설득하는 것은 별개의 문제이다. 자발적 공유를 통해 얻게 되는 효과를 설명하기 위해 '언드 미디어(earned media)'라는 개념이 있다. 흔히 디지털 미디어의 시대를 트리플 미디어(triple media)의 개념으로 설명하는데, 유료로 지불하여 광고 시간이나 지면을 구매하는 미디어(paid media), 조직이 보유한 미디어(owned media), 확산을 통해 얻게 되는 미디어(earned media)이다. 채널을 보유한 소비자가 자신의 페이지에 공유하는 행위로 생성되는 언드 미디어는 콘텐츠 생산자에게 왜 중요할까? 우선 도달의 범위가 넓어진다. 당초 노출이 기획된 미디어 외에 사용자가 공유한 메시지는 의도하지 않은 새로운 사람들에게 노출될 수 있기 때문이다. 그리고 메시지의 신뢰도를 높이는 기능을 한다. 소비자가 호텔을 예약할 때, 호텔에서 제공하는 정보보다 사용자들의 후기나 평가에 주목하는 점을 떠올리면 쉽게 이해할 수 있다. 공급자가 아닌 3자가 제공하는 메시지의 신뢰성은 언드 미디어의 가장 큰 효과 중 하나이다(Gallo, 2019).

그렇다면 어떻게 공유가치를 높여 언드 미디어를 많이 획득할 수 있을까? 소위 말해 대박을 터뜨리는 디지털 콘텐츠 공식은 없다. "재미있게 만들면 된다." "감동적이면 된다." 등 인과성을 설명하려는 많은 시도가 있지만, 사후적으로 히트 콘텐츠에 대한 공통점 분석을 통해 유추할 수 있는 정도이다. 그리고 더 중요한 것은 간간이 언론을 통해 엄청난 조회 수, 공유 수를 기록한 콘텐츠 소식을 접하게 되는데, 1회성으로 대박을 터뜨린 콘텐츠 효과의 한계는 해당 콘텐츠가 가져오는 후광 효과의 지속성은 그렇게 길지 않다. 특히 시청 행위의 조회 수에 비해 공유는 더 적극적인 소비 행위이다. 공유는 개인의 아이덴티티를 상징할 수도 있기 때문이다. 그래서 필요한 것이 브랜드 관점에서 출발하여 공유가치를 높이는 콘텐츠를 꾸준히 생산하는 지속성의 문제이다. 브랜딩은 기관(혹은 브랜드)의 이미지, 정체성(identity)을 소비자에게 긍정적 경험으로 제공하여 각인시키는 과정을 의미한다. 디지털 시대에서 브랜딩을 잘하는 것으로 알려진 음료 회사 레드불은 소셜 미디어와 언론을 통해 소비하고 공유할 수 있는 훌륭한 콘텐츠를 지속적으로 제공하고 있는데, 레드불의 철학은 효과적인 커뮤니케이션을 고민하는 이들에게 시사하는 바가 크다. "공유할 가치가 있는 콘텐츠를 제공하고, 소비자에게 새로운 것을 소개한다. 우리는 가치 있고 사람들이 그것을 보고 싶어 할 수 있는 정말 좋은 콘텐츠를 만든다고 믿는다. 그리고 우리는 그것을 제공할 것이다."

고유한 고객 경험을 브랜드화하는 디지털 공공소통의 미래

기업이 목표 청중인 소비자를 대상으로 활동하듯 정부 및 공공기관의 소통 역시 국민이라는 목표 집단을 대상으로 한다. 국민과 소비자는 동일한 집단의 사람들이기에 성공적인 디지털 공공소통의 방법이 기업의 그것과 다르지 않다. 과거 레거시 미디어 기반의 소통은 '전달자−수신자'의 관계에 '미디어'가 게이트키퍼의 역할을 수행하였다면, 디지털 소통은 '전달자−수신자'의 양방향 관계에 그 차이가 있다. 그럼에도 불구하고 여전히 디지털 공공소통을 콘텐츠를 제작하여 SNS와 같은 디지털 미디어에 발행하는 것에 국한하여 바라보는 시각이 많다. 이는 과거 레거시 미디어를 통한 정책 홍보에 대한 인식 수준에서 진화하지 않고 있다는 반증이다. 디지털 시대에서 공공소통도 '고유한 고객 경험을 제공하고 꾸준한 브랜딩'이 가장 중요한 과제이다. 고객 경험은 정부를 포함하여 모든 곳에서 점점 더 중요해지고 있다. 국민은 온라인 쇼핑몰인 쿠팡, 여러 은행의 금융 업무를 한 개의 애플리케이션에서 사용하는 경험에 익숙하며, 이제 정부에서도 동일한 경험을 제공해 주기를 기대한다.

이 책은 디지털 시대에서 고객 경험이 중요하게 된 이유, 이를 가능하게 한 디지털 전환(digital transformation)에 대해 소개하고, 고유한 디지털 고객 경험과 디지털 브랜딩에 대한 개념과 사례를 통해 본격적인 디지털 공공소통의 방향에 대해 공유하기 위해 저술되었다. 그리고 디지털 공공소통을 홍보 부서에 국한하지 않고, 정책수립의 과정에 못지않은 중요한 업무라는 사실을 모든 정책 관련자에게 올바로 인식시키고, 소통 전략과 전술에 대한 이해도를 높이는 목적도 함께 고려되었다.

차례

디지털 고객 경험을
브랜딩하는 공공소통

제**1**부

디지털 시대가 가져온
고객 경험의 변화

과거, 디지털이라는 개념에 대한 인식은 지금과는 다르게 하드웨어적인 개념이 강하였다. 장비가 가득한 데이터 센터 같은 서버룸을 연상하면 될 것이다. 하지만 세상을 연결해 준 웹(web)의 등장으로 디지털은 TV, 신문, 라디오 등 기성의 미디어와 함께 마케팅 채널이 되었다. 서서히 기지개를 켜던 디지털 미디어는 불과 10~20년 만에 기술의 진화로 전혀 다른 차원의 의미를 갖게 되고, 모바일 기술로 연결된 기기들은 우리 삶의 모든 곳을 연결하였다. 모든 미디어는 디지털이 되었고, 인간의 모든 경험도 디지털 기반 아래 이루어지고 있는 세상이다.

디지털 소통은 어떨까? 발신자와 수신자 사이에 존재한 게이트키퍼가 사라지고 직접 소통이 가능해졌고, 미디어를 통해서야 이루어지던 발신자–수신자의 관계는 이제 직접적 관계 맺음이 가능하게 되었다. 사실, 타깃 그룹인 목표 청중과의 관계 맺음은 전통적 마케팅에서도 중요하게 인식된 고객 경험(customer experience)이라는 개념에 근간하고 있다. 보유하고 있는 디지털 미디어에 콘텐츠를 게시하는 것이 디지털 소통의 인식에 관한 현주소라면, 고유한 고객 경험을 제공하고 확실한 관계 형성을 통해 추구하는 커뮤니케이션 목표를 달성하는 것이 디지털 소통의 본질이다. 이에 고객 경험이 무엇인지, 디지털 시대의 고객 경험은 어떻게 진화하고 있는지, 새로운 디지털 고객 경험에 대한 사례를 통해 디지털 공공소통의 시사점을 살펴보려 한다.

01
고객 경험

고객 경험의 정의

고객 경험은 영어로 Customer Experience로 번역한다. 아니 그 반대이다. Customer Experience는 고객 경험이라는 용어로 국내에 소개되었다. 일반적인 정의는 '고객이 특정한 비즈니스 또는 브랜드에 대한 갖는 전체적인 인식'이다. 쉬운 듯하면서도 추상성이 강해 바로 이해되지 않을 수 있다.

쉽게 예를 들어 설명해 보겠다. 이제 막 대학교를 졸업하고 자신이 원하는 기업에 취업한 20대 직장인 A군이 여름 휴가를 해외에서 보내겠다는 결심을 한다. 무엇보다 본인이 선택한 목적지의 항공권 예약이 우선이라 생각하고, 지인들에게 의견을 묻고 국적 항공사 B와 해당 국가의 외국 항공사 C를 추천받는다. 여러 정보를 확인한 후 선택하기로 결심하고, 두 항공사의 웹사이트에 접속한다. 계획 중인 일정, 목적지를 입력하고 예약 가능 여부와 금액 등을 확인한다. 가격 차이가 크게 나지 않지만, 마일리지 등 문의 사항이 생겨 항공사의 상담원과의 통화가 필요한 상황이 생겼다. 역시 A군은 두 항공사의 고객센터 상담원과 필요한 내용에 관한 상담을 마쳤다. 고민 끝에, 국적 항공사를 선택한 A군은 드디어 출발 당일 인천공항 카운터에 도착한다. 항공권 발권과 수하물을 맡기고 비행기에 올라 설레는 마음으로 목적지로 향한다.

목적지에서 다시 한국으로 돌아오는 여정을 포함하여 여러 상황이 있겠지만, 이쯤에서 줄이기로 하겠다. 에피소드의 주인공 A군은 여행을 위해 웹사이트를 탐색, 고객센터 상담원과 통화, 인천공항 카운터 직원과의 조우, 항공기 내 승무원의 서비스 등 B 항공사와 많은 상호작용을 하게 된다. A군은 각 상황에서의 상호작용과 관련된 감정을 갖게 되고 시간이 지남에 따라 고객 경험을 형성하게 된다. 사람의 감정은 상호작용을 통해 그들이 어떻게 느끼게 하는지에 따라 변한다. 엄밀히 말해, 경험 그 자체보다는 경험에 첨부된 감정을 기억하게 된다. A군이 경험한 각 과정의 상호작용 맥락이 고객 경험을 형성하는 데 중요한 요소이고, 각 경험이 어떻게 인식되는지에 영향을 미치는 것은 분명하다. A군은 B 항공사에 대해 어떤 인식을 갖게 되었을까? 그 해답은 A군이 다음 여행을 계획할 때, B 항공사를 다시 이용하는지를 확인해 보면 알 수 있을 것이다.

　잠깐, 여기서 고객 경험은 고객 서비스(customer service)와는 다르다는 것을 미리 지적하고 싶다. 고객 서비스는 고객이 지원이나 도움을 요청하고 받는 경험, 예를 들어 콜센터를 통한 환불 처리, 서비스 안내와 같은 특정한 접점을 설명하는 개념이다. 기업이나 브랜드에 대해 갖는 전반적 인식을 설명하는 고객 경험의 개념이 더 넓은 의미를 두고 있다는 점을 참고하기 바란다. 고객 경험은 서비스업에 국한되지 않고 모든 산업에 걸쳐 기업과 브랜드의 중요한 차별화 요소이다. 기업은 긍정적 고객 경험을 제공하기 위해 많은 노력을 하고 있다. 비즈니스 전반에 걸쳐 고객의 의견을 듣는 것을 최우선 과제로 하고, 고객의 의견(피드백)을 수집하고 분석하는 시스템을 구축한다. 고객의 의견을 바탕으로 고객에 대한 심층적 이해를 기업 내부에 확산한다. 고객이 겪는 특정한 문제를 발굴하고 그 문제에 대한 해결 방법을 이끌어 낸다. 이러한 과정을 측정 및 분석하지 않을 경우 고객 경험을 개선하고 성장 잠재력을 높이며, 이를 활용할 기회를 놓치기 때문이다. 그렇다면 탁월한 고객 경험을 제공하여 얻을 수 있는 이점은 무엇일까?

고객 경험이 중요한 이유

고객 경험을 제공하여 얻는 이점이라는 표현은 어쩌면 전제가 부족한 설명일 수도 있다. 마치 고객 경험의 제공 여부가 기업의 선택 영역처럼 보이기 때문이다. 조금 더 힘주어 표현하자면 고유한 고객 경험을 제공하지 않으면 안 되는 이유가 더 적합할 것 같다. 기업이 물건을 판매할 때, 소비 행위를 일으키는 주도권이라고 할까? 과거에는 기업이 광고, 홍보 등의 커뮤니케이션 활동을 통해 이미지와 영업력을 구축하는, 유통을 통해 소비를 주도하였지만, 오늘날은 시장에서 독점적 지위를 가진 기업이 아니라면 소비의 주도권은 고객에게 있는 경우가 대부분이다. 곧 디지털 고객 경험을 설명할 텐데, 온라인이 활성화되면서 소비자의 소비 행위에 미치는 영향력이 커졌기 때문이다. 과거 기업의 마케팅 활동이 중요하지 않은 것은 아니지만 좋은 경험을 인식하는 고객의 마음, 즉 충성도를 높이는 것이 더 중요해지고 있다. 사람들은 투자할 가치가 있다고 믿는 것에 지불하는 것을 선호하기 마련이고, 기업과 브랜드에 대한 고객 경험은 입소문을 통해 다른 사람의 의사 결정에도 영향을 준다.

기업의 제품이나 서비스 구매에 만족한 고객은 더 많은 비용을 지출할 가능성이 높다. 한 연구에 따르면 고객의 42%는 좋은 경험을 위해 더 많은 돈을 지불하고, 72%는 특별한 대우를 받을 경우 다른 브랜드보다 해당 브랜드를 더 우선순위에 두고 선택하게 된다고 한다. 반대로 단 한 번의 나쁜 경험만으로도 브랜드 구매, 서비스 이용을 중단할 가능성이 네 배나 높아진 다는 연구도 고객 경험의 중요성을 설명하는 근거가 될 수 있 다(Kolmar, 2021). 고객에게 경청, 적극적 관리를 통해 얻게 되 는 신뢰와 애착은 지속적 관계를 구축할 수 있다. 세계는 점점 더 하나의 시장이 되어 가고 있고, 경쟁은 포화 상태가 되고 있 다. 고객이 원하는 바를 정확하게 제시할 때 신뢰를 쌓을 수 있 는 기회가 많아진다. 소비자의 소비 기준이 제품과 가격에만 한정되지 않으며, 기업이 갖는 고객 경험의 품질과 만족도는 고객을 지지자로 바꾸기도 한다.

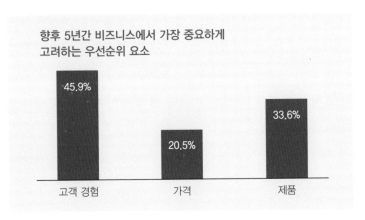

[그림 1-1] 우선순위 요소

출처: Kulbyte (2021).

고객 경험의 중요성을 설명하기 위해 기업들의 인식과 활동들을 소개한다. 노르웨이의 마케팅 전문 회사인 슈퍼 오피스(Super Office)의 조사에 의하면 '향후 5년간 기업에서 고민하는 최고의 우선순위는 무엇인가'라는 질문에 전체 조사 대상 1,920명의 비즈니스 전문가 중 45.9%가 고객 경험이라고 응답했다(그다음 제품 33.6%, 가격 20.5% 순).

다음의 조사 보고를 보면 고객 경험이 기업 경영에 있어 가장 중요한 우선순위인지에 대해 더 쉽게 이해될 것이다. 고객 경험과 관련한 연구와 컨설팅을 진행하는 회사인 템킨 그룹(Temkin Group)의 연구에 의하면 연간 10억 달러 이상의 수익을 얻는 기업이 향후 3년 이내에 고객 경험에 투자할 경우 7억 달러 이상의 추가적인 수익 증대를 기대할 수 있다고 한다. 수익 증가의 배경으로, 좋은 고객 경험을 제공할 경우 소비자는 더 많은 돈을 지불할 용의가 있다는 연구 결과를 제시하였다(MacDonald, 2021). 컨설팅 회사 PWC의 연구도 이를 뒷받침하는데, 고객 경험이 우수하다면 소비자는 제품의 가격이 비싸더라도 해당 기업에 더 많은 지출을 할 의향이 있다고 응답하였다(Kulbyte, 2021).

02
디지털 시대의 고객 경험

디지털 고객 경험의 정의

지난 십수 년 동안 디지털 전환(digital transformation)으로 비롯된 디지털화의 가속은 기업에게는 새로운 제품과 서비스 개발에 대한 압박을, 소비자에게는 새로운 소비 환경에의 적응을 가져왔다. 빅데이터, 사물인터넷, 클라우드, 인공지능, 블록체인, 로보틱스 등 디지털 기반의 기술은 과거에는 경험하지 못한 새로운 상품과 서비스를 만들었다. 이제 너무나도 익숙해졌지만, 다소 충격적이었던 새로운 디지털 시대의 상품 트렌드를 살펴보자.

가장 먼저 떠오르는 트렌드는 무인화이다. 2017년 5월 13일

세븐일레븐은 롯데카드, 롯데데이터커뮤니케이션과 연계해 롯데월드타워에 생체 지불 시스템을 갖춘 스마트 편의점을 오픈하였다. 세븐일레븐이 세계 최초로 선보인 매장에는 점원이 없다. 고객이 구매한 물건을 카운터의 컨베이어 벨트에 놓으면 자동으로 스캔하여 바코드를 인식했다. 곧 가격이 집계되어 화면에 나타나고, 소비자는 결제를 하면 구매가 완료되는 방식이었다. 2018년에는 세계적인 온라인 쇼핑몰 아마존(Amazon)이 무인점포 '아마존 고(Amazon Go)'를 론칭하였다. 카메라와 센서 기술로 소비자가 고르는 상품을 인식하고 아마존 앱으로 결제까지 가능하도록 하였다. 대형 유통 업체에 기술과 서비스로 국한되지 않고, 여러 영역으로 무인화는 확대되고 있다. 패스트

[그림 2-1] 롯데월드타워 세븐일레븐 매장

출처: 임지민(2017).

푸드점, 식당 등에서 주문을 받던 종업원을 대체하여 급속히 보급되고 있는 키오스크는 일반 소규모 식당에도 확산되고 있다. NH투자증권의 연구에 의하면 키오스크 시장이 2017년 65억 원에서 2020년에는 220억 원으로 급증하였다(이길주, 2021).

우리 삶에 매우 밀접한 업종인 은행으로 눈을 돌려보겠다. 2016년 12월 국내 최초로 인터넷전문은행이 제1금융권 시중은행으로 인가를 받게 된다. 바로 케이뱅크인데, 이전에도 기존 은행의 인터넷뱅킹 방식의 비대면 송금, 이체 등 금융거래가 가능했지만, 계좌 개설, 대출 등 은행 업무 전반의 공간적, 시간적 제약이 사라지게 된 셈이다. 국민 메신저 카카오톡을 운영하

시중은행 점포 수 추이(단위: 개, 자료: 각 은행)

	2020년 5월		2021년 5월	폐쇄
국민	1018	→	954	64
신한	875	→	854	21
하나	695	→	648	47
우리	861	→	817	44
농협	1134	→	1123	11
SC	215	→	199	16
씨티	43	→	39	4
합계	4841		4634	207

[그림 2-2] 국내 시중은행 점포 수 추이

출처: 이광호(2021).

는 다음카카오 역시 이듬해 7월에 2호 인터넷은행으로 출범, 서비스를 개시하자마자 당일 신규 계좌 개설 수 18만 7000건, 앱 다운로드 33만 5000건이 발생하였다고 한다(길재식, 2017). 기존의 은행들도 디지털 전환의 가속에 따라 오프라인 매장 중심에서 벗어나 모바일 서비스를 강화하고 있다. 국내 주요 은행의 지점 수는 갈수록 줄어들고 있고, 이미 2020년 5월 기준 1년 만에 200개의 지점이 폐쇄되었으며, 2021년 하반기 100여 개의 지점이 추가로 문을 닫는다고 한다(이광호, 2021). 대신 모든 은행의 계좌 이체 시스템을 개방하는 오픈뱅킹(공동결제시스템)을 도입, 상용화하고 있다. 특정 은행의 앱에 거래하는 모든 은행 계좌를 등록해 인터넷뱅크 서비스와의 격전을 치르고 있다. 세대를 불문하고 예금, 대출 등의 거래에 더 이상 은행 지점을 방문하지 않는 것이 익숙해지고 있는 요즈음이다.

디지털 기술로 파생된 무수히 많은 상품과 서비스가 고도화되면서 과거 매스 마케팅의 개념이 일대일 맞춤형으로 진화하고 있다. 국민 모두가 보유하고 있다고 해도 과언이 아닌 스마트폰의 높은 보급률, 항상 네트워크에 로그인되어 있는 활성화된 접속 환경에서 소비자가 검색, 소비하는 모든 정보는 마케팅의 도구로 활용되고 있다. 이를테면 사용자가 기록을 남긴 여행과 같은 특정 검색어는 여행 서비스를 판매하는 기업들의 맞춤형 상품 제공 광고로 활용된다. SNS에서 즐겨 소비하는 콘텐츠들은 플랫폼사들의 인공지능 알고리즘에 맞춰 추천의 상위 목록에 노출되어 소비자의 소비를 촉진한다. 빅데이터와 같은 디지털 설루션(solution)을 활용하여 소비자의 취향과 감정을 복합적으로 분석하여 개개인의 스타일에 맞는 타깃 마케팅이 보편화되고 있다.

흔히 이를 초맞춤화(Hyper Customization)라 부르는데, 디지털 소비 트렌드의 가장 핵심적 개념 중 하나이다. 독자들도 한번쯤은 쿠팡과 같은 쇼핑몰(사실, 쇼핑몰이라고 부르기에는 사업의 범위가 너무 넓기는 하다.)을 이용해 보았을 것이다. 이용자가 구매를 위해 검색한 상품, 실제 구매하였던 상품을 기반으로 쿠팡이 제공하는 추천 서비스는 이미 충분히 익숙해졌다. 오히려 개인 맞춤화된 서비스를 제공받지 못할 경우 답답함을 느끼기도 한다. 초맞춤화하면 가장 자연스레 떠오르는 서비스는 사실 유튜브이다. 국내에서도 모든 연령대의 이용자가 많은 영상 소비를 하고 있는 유튜브는 고유한 알고리즘으로 콘텐츠 생산자에게는 광고 수익을, 소비자에게는 최적의 콘텐츠를 추천하는 수익 모델을 근간으로 전 세계에서 콘텐츠 소비를 주도하고 있다.

인터넷을 통해 방송 프로그램, 영화 등 콘텐츠를 제공하는 OTT(Over the Top) 서비스도 마찬가지이다. 2016년 한국 시장에 진출한 미국의 넷플릭스는 글로벌 콘텐츠 생태계에 맞춰 걸음을 시작한 한국 시장을 흔들었다. TV, 극장에서의 콘텐츠 소비가 줄어드는 시기에 편안하게 집에서 콘텐츠를 시청할 수 있는 서비스를 제공한 넷플릭스의 대대적 마케팅은 콘텐츠 소비

[그림 2-3] 대표적인 초맞춤형 콘텐츠 제공 서비스 OTT 넷플릭스

출처: 픽사베이

의 패턴을 바꾸었고 한국에서의 점유를 증가시켰다. 시청자의 감소를 뼈저리게 체감한 지상파 3사는 웨이브, 대기업 콘텐츠 제공사인 CJ ENM은 티빙, 그리고 왓챠와 같은 한국 토종 OTT 서비스를 출시하는 등 새로운 콘텐츠 소비의 트렌드로 완전히 자리 잡게 되었다.

선후 관계는 분명하지 않지만, 소비자의 니즈와 디지털 기술의 진보가 이룬 새로운 형태의 상품들은 상품 그 자체의 새로움에 그치지 않고, 전혀 새로운 종류의 소비자를 탄생시켰다. 이제 소비자는 필요한 순간에 원하는 정보를 거의 정확하게 얻을 수 있다. 개방된 여러 채널에서 소비자는 정보를 얻고 광범위하게 연결된 채널을 통해 소비 결정의 주체로서 참여하는 역할이 커졌다. 당연히 기업이 고객을 참여시키는 방식이 크게 변화하고 있다. 기업은 소비자의 시의적절한 경험을 유도하기 위해 과거의 고객 경험 전략을 대폭 수정해야 할 상황에 이르렀다.

디지털 고객 경험의 정의는 무엇일까? 디지털 시대 이전에는 고객 경험의 정의를 '브랜드와의 상호작용을 바탕으로 브랜드에 대한 고객의 인식'으로 설명하였다. 디지털 고객 경험은 '고객이 브랜드와 경험하는 디지털 상호작용의 총합으로 갖는 브랜드에 대한 인식'을 의미한다. 고객 경험이 공감, 신뢰 구축 등을 보여 준다면 디지털 고객 경험은 이러한 노력의 온라인 표현이다. 고객이 경험하는 디지털의 범위는 온라인 웹사이트는 물론 모바일 앱, 채팅 봇, 소셜 미디어, 그 외 디지털 모든 채널을 포함할 수 있다. 디지털 플랫폼에서의 고객 경험의 비중이 오프라인에 비해 크게 증가함에 따라 고객이 갖는 브랜드와의 상호작용 여정이 재포맷되었다. 고객은 일반적으로 마케팅, 커뮤니케이션 전문가가 원하는 방식으로 소비의 과정에 참여하지 않게 되었고, 현실의 실체적 공간이든, 디지털의 가상공간이든 관계없이 소비자는 모든 채널과 브랜드와의 전체 여정에서 일관성을 기대하기 시작하였다. 브랜드가 제공하는 하나의 고유한 경험에 대한 기대가 커진 것이다.

생존을 위해서 필수적인 디지털 고객 경험

고객 경험은 오늘날 모든 산업 분야에서 브랜드를 차별화하는 중요한 요소가 되었다. 디지털 기술의 급속한 발전에 힘입어 디지털 혁신을 지향하지 않는 기업이나 조직을 찾기란 어려우며, 고객은 그 어느 때보다 강력해지고 있다. 각 비지니스 분야의 리더들은 가격, 제품, 서비스로 경쟁하는 것만으로는 더 이상 충분하지 않다는 것을 인식하고 있다.

델(Dell)의 최고정보경영자 제리 그레고어(Jerry Gregoire)는 "고객 경험은 차세대 경쟁의 전쟁터가 될 것이다."라고 말하였다. 고인이 된 애플(Apple)의 경영자 스티브 잡스(Steve Jobs) 역시 "고객 경험에서부터 출발해서 기술 개발에 대한 노력이 중요하며 그 반대로는 성립할 수 없다." "고객 경험을 잘 이해하는 것이 궁극적으로 브랜드가 지향하는 목적보다 더 중요할 수 있다."라고 말하며 고객 경험의 중요성에 대해 역설하였다 (ClubIntel, 2017). 온라인 거대 기업인 아마존의 최고경영자 제프 베이조스(Jeff Bezos) 역시 "지난 6년간 인터넷 공간에서 다른 어떤 경쟁 업체보다도 더 잘한 이유가 하나 있다면 고객 경험에 집중했기 때문이다."라고 자평하였다.

긍정적인 디지털 고객 경험은 기업의 생존에 필수적인 차별화 요소라는 인식에 이의를 제기하는 전문가는 거의 없을 것이다. 2017년 가트너(Gartner)의 마케팅 고객 경험 설문조사에 의하면, 대다수의 마케팅 담당자가 고객 경험이 경쟁업체에 비해 중요한 요소라는 인식을 가지고 있고, 고객이 자사의 서비스 대신 경쟁업체를 선택하는 것이 얼마나 쉬운지를 알고 있으며, 고객이 처음부터 좋은 경험을 하는 것이 점점 더 중요해지고 있음을 인정하고 있다. 또한 고객이 처음 갖게 되는 좋은 경험을 위해 기업이나 기관은 모든 고객의 접점에 디지털 우선주의를 고려해야 한다고 인식한다(Bryan, 2018). 예를 들어, 인공지능(AI)을 기반으로 한 온라인 채팅과 챗봇 사용이 증가하고 있다. 종종 우리가 실제 인간과 상호작용을 하고 있는지, 아니면 인공지능 챗봇과 상호작용을 하고 있는지 구분하기 어렵다. 더 이상 고객에게는 실제 사람을 상대하는지 아니면 챗봇을 상대하는지 확인하는 것이 중요한 것이 아니라, 더 많은 테스트로 챗봇은 변화와 적응을 배우는 속도가 빨라졌고, 기업들은 속속 실제 직원과의 상호작용을 줄여 나가고 있다.

디지털 시대에 기업은 고객의 요구를 충족할 뿐만 아니라 친구 및 기타 잠재 고객과 공유하는 의미 있고 인상적인 경험을 통해 고객을 만족시키려고 노력하고 있다. 기업은 성공하기 위해 이를 수용할 수밖에 없을 것이다. 고객은 더 많은 정보를 얻고, 학습을 하며, 적극적 요구로 기업과의 판매 협상을 통제하고 있으므로 기업은 그들을 긍정적으로 놀라게 할 준비가 되어 있어야 한다. 기존 미디어 환경에서 고객이 훨씬 더 수동적이었지만, 디지털 환경에서는 고객이 매우 적극적이고 까다로운 존재가 되었다. 디지털 기술과 미디어 환경은 이해관계가 높은 양방향 커뮤니케이션을 창출하였으며, 비즈니스는 이를 경청하고 참여하며 상호작용을 해야 한다. 대중의 분위기가 변하고, 당신의 브랜드가 전부이다. 한 가지 나쁜 평을 수천 명이 볼 수 있다. 오늘 하루는 A 기업이 최고일 수 있지만, 내일은 A 기업이 더 이상 온라인상에서의 메시지를 통제할 수 없기 때문에 완전히 달라질 수도 있다.

좋아하는 브랜드가 제공하는 '기억에 남는 경험'을 위해 더 많은 비용을 지불할 것이냐는 질문에 대다수의 고객이 그렇다고 응답한다. 가격이나 제품의 성능보다 강력한 감정을 불러일으키는 고객 경험이 반복 구매와 브랜드 충성도를 형성한다. 조사에 의하면 67%의 고객은 훌륭한 경험을 위해 더 많은 비용을 지불할 의사가 있고, 브랜드와 교감이 되었다고 느낄 때 다른 사람에게 추천할 가능성이 그렇지 않은 경우보다 71%나 더 높다고 한다. 또한 제품이나 가격에 비해 고객 경험에서 안 좋은 경험을 가질 경우 경쟁업체로 눈을 돌릴 가능성이 네 배나 더 높다고 한다(Pemberton, 2018). 따라서 기업이나 기관이 해당 분야에서 살아남기 위해서는 제품과 서비스의 개선 못지않게 고객 경험의 리더가 되어야 한다는 결론에 도달하게 된다.

특정 산업 분야에서 리더였던 브랜드가 고객 경험을 선도하지 못해 비즈니스를 철수하게 된 사례를 소개한다. 1948년 설립되어 세계 1천 600개 매장에서 연 매출 100억 달러 이상을 올리던 장난감 회사 토이저러스(Toys R Us)는 2018년 폐업을 선언, 미국 내 700여 개 매장을 모두 폐점하게 된다(Lieber, 2018). 사실 해당 분야에서 한 시대를 지배하였던 소매 업체의 몰락의 물결은 여기저기서 목격되었는데, 토이저러스도 이를 피할 수 없었다. 폐업의 원인을 디지털 고객 경험에서 찾는 것이 과한 비약이라고 생각하는 사람도 있을 테지만, 사실이 대형 장난감 기업은 고객의 직접적 참여(engagement)를 수용하지 못하였다. 고객과의 상호작용과 고객 경험을 고려하지 않은 채, 제품 개발과 판매에만 집중할 때 일어나는 전형적

[그림 2-4] 영업 종료 안내 문구가 붙은 미국 토이저러스 오프라인 매장

출처: 구글 이미지

인 모습을 보였다. 사실 토이저러스는 2000년대에 이미 아마존 (Amazon)을 전자상거래 플랫폼으로 채택하는 나쁘지 않은 전략을 선택하였다. 하지만 전자상거래를 통한 판매 수준에서 그쳐 버렸다. 장난감과 게임이 필요한 아이들이 부모의 손을 잡고 동네에 있는 매장으로 가는 경험은 테마파크를 가는 것과 비슷한 것이라고 한다. 토이저러스는 이러한 고객의 인식을 이해하는 데 노력하지 못했고, 심지어는 아마존과의 갈등으로 계약에서도 해지되었다. 토이저러스는 소비자로부터 비판받아 왔던 온라인 결제 프로세스를 업데이트한 시점이 2017년이 되어서였다고 한다(Wharton Business Daily, 2018). 고객이 언제, 어떻게, 어떤 이유에서 토이저러스라는 브랜드에 대한 구매 결정을 내리고 콘텐츠를 소비하는 상호작용을 이해하지 못한 치명적인 실수라고 할 수 있다. 그들은 매장에서의 고객 경험은 물론 온라인에서의 디지털 고객 경험을 개선하기 위한 귀중한 정보를 사용하지 못하였다. 오늘날의 고객은 구매에서 더 많은 것을 얻는 방법과 브랜드와의 관계를 높이는 방법에 대한 정보를 원하고, 브랜드는 이러한 기대를 충족시켜 주기를 기대한다. 토이저러스의 사례처럼 고객 경험을 제공하는 것에 실패하면 고객은 대안을 제시하는 다른 브랜드로 이동하게 된다.

비슷한 사례를 하나 더 소개한다. 2018년 10월 최종 부도를 선언한 126년 역사의 미국 시어스(Sears) 백화점이다. 시어스 백화점의 충격적 부도에 대한 분석은 다양하지만, 전문가들은 공통적으로 디지털 전환의 실패를 지적하고 있다. 브랜드 전략가인 알리 크레이그(Ali Craig)는 "시어스 백화점의 파산과 잘못된 고객 경험(The Sears Bankruptcy and a Flawed Customer Experience)"이라는 인터뷰에서 고객 경험에 대한 문제를 지적한다(Cooper, 2018). 시어스 백화점은 새로운 고객 경험에 투자하는 대신 아마존과 경쟁하기 위해 전자상거래 사이트 투자에 집중하였다. 소매 공간으로서 그들이 가진 차별화된 고객 경험을 제공할 수 있는 고유한 위치에 있다는 것을 깨닫지 못한 것이고, 토이저러스 매장 방문이 아이들에게는 환상적이었던 것처럼 시어스 백화점 방문은 하루 종일 쇼핑을 위해 시내

[그림 2-5] 영업 종료 안내 문구가 붙은 미국 시어스 백화점 오프라인 매장

출처: 구글 이미지

로 여행을 가는 가족의 꿈과 같은 일이었다. 최신 트렌드와 문화를 소비하는 공간에 대한 100년의 역사와 소비자 인식이 사라지고 냉장고, 세탁기를 사는 단순한 매장으로 인식하게 된 것이다. 아마존과 같은 전자상거래의 성장이 직접적인 위협처럼 보였지만 고객이 시어스 브랜드와 공유하는 고객 경험이 흔들리는 것은 나무의 뿌리가 뽑히듯 더 큰 위협이었던 것이다 (Cooper, 2018).

앞의 두 사례와 다르게 디지털 미래와 디지털 기반 고객 경험의 의미를 수용하였기 때문에 성공적으로 비즈니스를 이끌고 있는 기업의 사례도 살펴보자. 바로 유통계의 전통적인 제왕이자 미국 전역에 퍼져 있는 오프라인 매장으로 잘 알려진 월마트(Walmart)이다. 월마트의 온라인 사이트 월마트닷컴 (walmart.com)의 패션 분야에 관한 사례이다. 패션 분야 책임자 (Eexcutive Vice President) 데니스 인칸델라(Denise Incandela)는 온라인상에서 패션에 더 민감하고 탐색적인 고객 경험을 만들기 위해 디지털 채널 분석을 고도화하고 다른 브랜드와 파트너십을 테스트하여 고객 확보 전략을 개발한다. 새로운 브랜드의 포트폴리오 확장과 더불어 패션 분야 유명인과의 협업, 권위 있는 편집자의 의견을 제공할 수 있는 디지털 고객 경험을 전면 개편하여 다양한 패션 제품을 수용하고, 고객이 새로운 트렌드를 탐색, 영감을 가질 수 있는 환경을 창조한다(Boniface, 2019). 가장 뚜렷한 경쟁자인 아마존은 광범위한 패션 브랜드

02 디지털 시대의 고객 경험

를 고객에게 다양하게 제공하는 성과를 이미 이루었지만, 고객 경험을 향상시키는 것에 집중한 월마트의 목표는 기존 고객의 패션 제품 구매 최종 목적지로 월마트닷컴이 되도록 하는 동시에 브랜드 라인업을 확장하고, 주목할 만한 파트너십을 통해 새로운 고객을 유인하는 것이었다.

데니스 인칸델라는 브랜드란 '고객 중심적'이어야 하고, 재방문 고객과 신규 고객 모두에게 온라인과 매장에서 가능한 최고의 고객 경험을 제공하는 것을 목표로 해야 한다고 설명한다. 2020년 한 해에만 550개 이상의 새로운 브랜드를 온라인에 선보였다. 그들의 궁극적인 목표는 더 많은 프리미엄 브랜드 및 모델을 추가하여 테스트하고 고객의 요청을 경청하고 신규 인

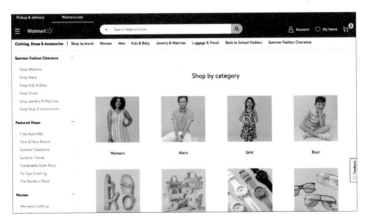

[그림 2-6] 디지털 고객 경험을 바탕으로 디지털 분야로의 영역 확장을
성공적으로 진행하고 있는 월마트닷컴의 패션 카테고리

출처: 월마트 홈페이지

수를 목표로 하는 것이었다. 오프라인 소매업에서 머무르지 않고 무한한 디지털 환경으로의 전환을 통해 월마트는 소매 및 파트너십의 새로운 채널을 탐색하면서 성장하는 고객 기반을 지속적으로 충족하고 있다.

이 외에도 월마트는 2020년 9월 연회비 98달러, 월 회비 12.95달러를 내면 무료 배송을 제공하는 월마트 플러스 서비스를 선보였다. 비록 이 서비스는 아마존 프라임 멤버십 서비스(연회비 119달러, 월 회비 12.99달러)와 유사하고 늦은 감이 있지만, 배송이라는 디지털 고객 경험을 제공하는 실리적 목적과 월마트의 전반적인 디지털 전환의 절실함, 이를 실제로 구현하는 기업의 의지를 보여 줌으로써 충분한 반응과 성과를 이끌어 내는 역할을 하였다.

[그림 2-7] 월마트의 새로운 배송 서비스 시스템 월마트 플러스

출처: 월마트 홈페이지

02 디지털 시대의 고객 경험

소비자에게 디지털 고객 경험을 제공하는 것을 중요한 원칙으로 가지고 있는 회사가 특정 상황에서 어떻게 고객 경험을 개선시켜 나가는지를 보여 주는 사례를 살펴보자. 월풀(Whirlpool)은 전 세계 약 8만 명의 직원이 일하는 세계 최고의 주방, 세탁기기 회사이다. 이 기업은 고객 서비스, 고객 보증 계획과 현장 서비스를 자사의 모든 브랜드에 대한 '고객의 구매 후 경험'을 위해 헌신하는 것을 중요한 기초로 두고 있고, 뛰어난 고객 경험을 제공하는 데 자부심을 가지고 있다. 이는 비즈니스 문화와 운영 모델의 핵심가치였다(Conversocial, 2020). 그들은 고객과 보다 직접적인 관계를 형성함으로써 디지털 혁신을 수용하였다. 값비싼 전자상거래 주도권을 갖기 위해 돈을 쏟아 붓는 대신 셀프 서비스 경험을 대대적으로 점검하였다. 그들은 고객이 기대하는 곳에서 기업과 만날 수 있도록 하는 하이터치 관계를 유지할 수 있는 유용하고 소화하기 쉬운 콘텐츠의 필요성도 중요하게 보았다. 이런 원칙과 철학이 고객 경험을 위협하는 상황에서 어떻게 대처해 나가는지를 보여 주는 예이다.

영국에 있는 월풀 직원의 대다수는 새 기기를 배달하거나 기존 제품의 수리를 위해 현장에서 일을 수행한다. 코로나19 감염병이 가져온 위협적 상황임에도 기존의 서비스 품질을 떨어뜨리지 않고 계속 제공해야 했고, 영국의 1차 록다운 발표 이후 4개월 동안 고객 문의 전화가 전년 대비 106% 증가하였는데, 고객 서비스 팀이 현장의 고객과 엔지니어 모두와 통신하기 위

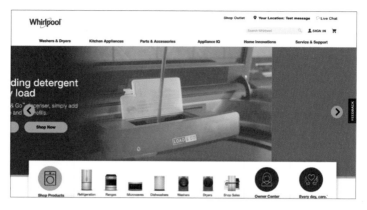

[그림 2-8] 역사가 오래된 기업으로 위기 상황에서 디지털 고객 경험을
성공적으로 제공한 것으로 평가받는 월풀

출처: 월풀 홈페이지

해서는 전화 통신 시스템에만 의존하기는 어려운 상황이었다
(Conversocial, 2020). 월풀은 고객과 엔지니어 두 집단과의 원활
한 소통을 위해 왓츠앱(WhatsApp) 기업 계정을 개설하였다. 하
나는 수리를 수행하는 현장 엔지니어에게 도움을 제공하고, 또
하나는 가정 내 수리 예약을 요청해야 하는 고객에게 초점을
맞추는 것이다. 고객이 보증 수리 요청을 직접 처리할 수 있도
록 자동화 메뉴를 추가하였다. 왓츠앱 계정은 웹사이트의 문의
하기 페이지에 추가된 후 1차 록다운 시점에 비해 대화 수가 세
배 증가하여 고객과 엔지니어의 불편함을 해소하는 성과를 이
루었다.

　디지털 전환과 디지털 고객 경험의 가치는 오늘날 기업 환경

02 디지털 시대의 고객 경험

에서 중요한 영향력을 미칠 수 있기 때문에 기업의 생존과 관련한 좋거나 혹은 나쁜 케이스는 너무 많다. 요약해 보자면, 디지털 시대에 승자가 아니라 살아남기 위해서라면 기업은 기억할 만한 고객 경험을 제공해야 한다. 그리고 그것은 우연히 일어나지 않는다는 점을 기억해야 한다.

디지털 고객 경험 관리

소제목을 정하고 보니 디지털 고객 경험이라는 어려운 과제를 기업이나 기관의 의도대로 관리 가능한 영역처럼 보이지만, 사실 전략을 수립하고 그에 맞게 실행한 후에 나타날 수 있는 여러 예상 결과를 관리하는 것으로 이해하는 것이 더 적절할 것 같다. 좀 더 현실적으로 제목을 수정한다면 '디지털 고객 경험 관리를 위해 무엇을 해야 할까?' 정도가 아닐까 한다. 필자는 디지털 고객 경험 관리의 궁극적인 목표는 '브랜딩(branding)'이라고 생각한다. 디지털 시대의 고객 경험과 브랜딩에 관한 관점은 다음 장 '디지털 시대 고객 경험의 브랜드'에서 다루겠다. 디지털 전환이 가져온 시대적 요구는 단순히 고객을 상대하는 기능적 차원이 아니라, 전환의 과정에서 고객 경험이 기업과 기관의 생존에 핵심적인 원동력이며, 경영 활동의 촉매라는 점에서 고객 관리의 중요성이 크다고 하겠다. 디지털 시대의 고객 경험 관리에 대해 상세히 다루어 보겠다.

고객 경험 관리는 기업이 고객 경험을 구성하고 이해하며 실행하는 표준 프로세스이기도 하다. 기업은 실제 고객 경험을 기업의 비전과 이상에 가깝게 만들어야 한다. 이는 경쟁 기업과는 차별화되는 요인이기도 하다. 디지털 혁신에서 종종 착각하게 되는 것은 프로세스, 기술, 변화 등에 대해 충분히 이해하고 있고, 제반 조건을 갖추었다고 해서 고객 경험의 환경이 개선된다고 믿는 것이다. 기술적 준비 능력과 효과적으로 수행할 수 있는 능력과는 별개로 고객 구매 여정(Consumer Decision Journey: CDJ)에 대한 깊은 이해가 필요하다. 2014년에 제시한 「디지털 전환 상태」라는 보고서에서 알티미터 그룹(Altimeter Group)은 디지털 시대에서 '고객 경험 라이프사이클의 모든 접점에서 디지털 소비자를 보다 효과적으로 참여시키기 위한 기술 및 비지니스 모델의 재조정 또는 새로운 투자'가 이루어져야 한다고 설명한다(Bloomberg, 2014). 전체 고객 구매 여정에 걸쳐 긍정적인 인식을 촉진하는 방법을 이해하고 있다면, 경쟁 환경에서 우위를 확보할 수 있다. 이는 기업에 대한 장기적이고 충성스러운 고객을 확보하기도 하고, 기확보된 고객에게는 동기부여를 할 수 있다.

이 책에서는 고객 구매 여정(CDJ)을 길게 설명하지 않으려 한다. 공공소통의 방향성을 설명하기 위해 간략히 언급하는 것이 합리적이라는 생각이다. 디지털 마케팅의 시대에 이르러 고객의 소비와 관련한 빅데이터가 수집되면서 마케팅 계획 수립이 데이터 기반으로 정교하게 가능해졌다. 여러 단계에서 고객은 정보를 획득, 제품을 인지하고, 구매/재구매 등에 대해 내리는 의사 결정이 있기 마련인데, 고객 구매 여정은 이 모든 과정을 분석하고 체계화하여 고객에게 적합한 마케팅 활동을 수행하는 모든 과정으로 이해하면 어떨까 한다. 쉽게 예를 들어 보겠다. 고객 구매 여정 중 소비자에게 미디어를 통한 정보 노출을 고민하고 있는 기업을 가정해 보겠다. 틱톡(TikTok, 짧은 영상을 제공하는 비디오 플랫폼)이나 클럽하우스(오디오 기반의 채팅 SNS) 중 어디에 마케팅 비용을 써야 할까? 바로 이런 고민에 대한 계획을 만드는 것이다. 이를 결정하는 핵심 포인트는 바로 '고객이 어디에 있느냐?'이다. 타깃 고객이 페이스북을 주로 이용한다면, 인쇄 광고로 메시지를 보내는 것이 무슨 소용이 있을까? 아날로그 시대의 미디어 플래닝은 효과에 대해 미디어 간 비교 가능한 정확한 정보 없이 판단되는 경우가 많았다. 디지털 시대에는 앞의 질문에 답할 수 있는 데이터가 구축되어 의사 결정의 환경이 다르다. 즉, 2020년 영국에서의 틱톡 사용량은 연간 75%, 러시아에서는 150% 증가하였다(Noise, 2018). 클럽하우스의 경우는 효과가 그렇게 나타나지 않았는데, 데이터를 기반으로 미디어를 통한 정보 노출을 고민하는 기업은 미디어를 선택할 수 있다. 이런 데이터는 언제든지 뒤바뀔 수 있다. 바로 고객 구매 여정을 짧은 주기성에 맞춰 정기적으로 갱신해야 하는 이유이다.

　디지털 고객 경험에서 가장 중요하게 고려해야 하는 것은 고객이 집단이 아닌 고유한 감정을 가진 개인이라는 사실을 끊임없이 자각해야 하고 이들을 알기 위해 최선을 다해야 한다는 것이다. 고객 경험 전략은 망원경을 사용하는 것이 아닌 마이크로렌즈를 사용하는 것이다. 과거처럼 일반적인 고객의 페르소나를 개발하기에 고객 개인이 가진 각자의 의도, 목표, 니즈는 훨씬 복잡하다. 기본적인 것부터 시작하더라도 모든 단계에서 디지털 경험을 개인화해야 한다. 이런 다양한 고객별 맞춤화된 여정을 설계하는 어려운 난이도의 작업을 잘 수행하는 기업이 항상 시장에서 승자가 된다. 이들은 고객이 브랜드와 언제, 어디서 상호작용을 하는지 알고 이에 따라 고유한 경험을 만들기 때문이다. 보편적으로 유용하고 흥미롭고 유쾌하게 놀라운 방식으로 고객 구매 여정을 연결할 때 비로소 훌륭한 고객 경험의 초석이 만들어진다. 창의적인 고객 구매 경험의 설계와 함께 운영에 대한 전략도 중요하다. 잘 설계된 고객 구매 여정을 제공하고 그 영향을 이해하는 운영적 기술을 갖추며, 이를 개선하기 위해 지속적으로 조정해 가는 것이 필요하다. 디지털 컨설팅 회사인 퍼피션트(Perficient)의 수석 기술 컨설턴트 릭 바우어(Rick Bauer)는 "고객 경험 플랫폼을 재조정하거나 업그레이드한 후에도 통합 거버넌스가 실행, 콘텐츠가 로드되는 마케팅 과정이 진행되고 결정을 위한 분석의 과정이 필요하다."고 설명한다. 항상 테스트, 개선, 연결, 구축의 과정을 통해 투자 대비 효용성(ROI)을 높이는 방법을 찾아야 하는 점도 강조한다(Vijayaraja, 2018).

디지털 고객 경험을 잘 관리하는 것이 기업과 브랜드의 생존에 매우 중요하다는 것을 알게 되었다. 그렇다면 디지털 고객 경험을 높이기 위해서는 어떤 요소들을 살펴보아야 할까? 독일의 디지털 컴퍼니 스틸라(Styla)의 마케팅 책임자 리처드 부에트너(Richard Buettner)가 제시하는 디지털 고객 경험의 도구를 중심으로 설명하겠다(Buettner, 2020). 일반적인 기업과 공공 영

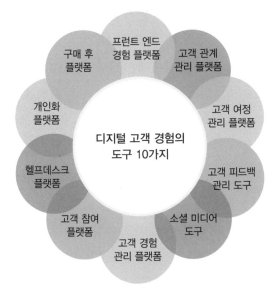

[그림 2-9] 디지털 고객 경험의 도구 10가지 예시

출처: 스틸라 블로그

역의 소통이 디지털 방식으로 변화해 가고 있다는 공통점에도 불구하고 철학과 목표, 활용 가능 자원 등에 따라 무척 다르기도 하다. [그림 2-9]의 예시는 민간기업이 주로 활용하는 디지털 고객 경험의 도구 개념으로 이해하는 정도의 수준에서 참고하는 게 좋겠다. 모든 내용을 공공소통의 영역으로 끌어와 활용하기에는 무리가 따르는 것이 분명하다는 점을 미리 밝혀 둔다. 여러 관점을 이해하기 위해서 디지털 플랫폼을 통해 이용하고 있는 쇼핑, 여행, 미디어 서비스를 참고하면서 읽기 바란다.

첫째, 고객 관계 관리(Customer Relationship Management: CRM) 플랫폼이다. CRM은 현재의 고객 및 잠재 고객과의 관계 및 상호작용을 관리하기 위한 기술이다. 이 플랫폼은 연락처 관리, 상호작용 과정의 추적, 고객에의 알림 등에 대한 것으로 알려져 있으나, 디지털 시대에는 인공지능(AI) 기반의 고객에 대한 영업 지원, 헬프데스크 등을 포함한다. 고객에 대해 분산되어 있던 관계 관리 플랫폼들을 하나로 집적하는 경향이 가속화하고 있다.

둘째, 고객 여정 관리(Customer Journey Management) 플랫폼이다. 디지털 기술의 발달로 고객의 정보 탐색, 구매 활동 등이 모두 데이터로 남게 되는데, 바로 데이터 기반으로 고객의 움직임(마케팅에서 이를 여정, journey로 표현)을 마치 지도처럼 생성하도록 지원하는 체계이다. 실시간으로 업데이트가 되며, 고객 집단의 특징이 아닌 한 개인의 페르소나에 따라 여정을 생성할 수 있는 것이 디지털 시대의 두드러진 특징이다.

셋째, 소셜 미디어(social media) 도구이다. 기관이 운영하는 여러 소셜 미디어 채널에서 개인별 맞춤화된 참여(engagement)를 제공할 수 있도록 고객 프로필 데이터를 활용한다. 놀랍게도 소셜 미디어 소프트웨어의 단일 애플리케이션에서 기관과 브랜드가 여러 채널에 활용 가능한 콘텐츠를 제작, 발행하는 것이 가능해졌다. 여러 채널에 걸쳐 사용함으로써 콘텐츠의 영향력을 높이도록 하며, 소셜 미디어에서 고객의 목소리를 수집, 평가하고 소셜 행동에 기반한 고객 데이터 관리를 지원하기도 한다.

넷째, 고객 피드백 관리 도구이다. 디지털 시대에 데이터 수집이 용이하여 고객의 여정을 모니터링하고 분석하는 것이 쉬워졌지만 그래도 고객의 반응을 직접 듣는 것은 매우 중요하다. 다양한 곳에 산재한 고객의 댓글, 리뷰, 이메일 혹은 채팅에서 정성적 데이터를 자동으로 추출하여 불만이나 소비 이탈 등의 위험을 식별할 수 있다. 더불어 고객에 대한 설문조사를 위해 설문지를 생성하고 수행할 수도 있다.

다섯째, 헬프데스크(helpdesk) 플랫폼이다. 기관이 갖추고 있는 모든 고객 지원 프로그램을 하나의 데이터베이스에서 접근 가능하도록 하는 플랫폼이다. 최근에는 대체로 첫 번째 언급했던 CRM 플랫폼과 연계하여 고객 만족도를 지속적으로 추적하고 지원하게 되는데, 실시간 기반으로 한 개인의 수준까지

가능하도록 진화했다. 헬프데스크 플랫폼은 모듈화된 하나의 상호작용에 대해 진행 상황을 분석할 수 있도록 대시보드상에서 모니터링이 가능하다. 콜센터 소프트웨어의 통합으로 각 상호작용의 마지막 과정에 자동화된 고객 설문 수행이 가능하도록 설계하는 것이 일반적이다.

여섯째, 구매 후 플랫폼(post purchase platforms)이다. 오프라인만을 통한 구매가 이루어졌던 예전에도 소비자의 입소문은 기업에 중요한 고객 경험 관리 대상이지만, 디지털 시대에 그 중요성은 더 강조할 필요가 없다. 구매를 마친 고객에게 이메일, 문자 메시지, 플랫폼 내 푸시 메시지를 통한 배송 정보의 업데이트 등 세부 정보를 제공하고 추가 콘텐츠 및 프로모션 제안을 송신하여 고객의 여정을 풍부하게 할 수 있게 도와준다.

일곱째, 개인화 플랫폼(personalization platforms)이다. 마케팅 목적을 위해 수집되는 데이터는 디지털 시대에 훨씬 풍부해졌다. 인공지능과 머신 러닝의 기술적 진화 덕분에 풍부한 고객별 프로필 데이터가 수집되고 개인화 플랫폼은 개인에 맞춤화된 참여를 이끌 수 있도록 지원한다. 고객이 제공한 과거의 피드백이나 실시간 행동을 기반으로 소비자 행동을 예측하는 모델링을 만들며, 이를 통해 제품 추천을 생성하고 선호하는 시간과 채널에 소비자의 참여를 이끌 수 있다.

이 외에도 기업-고객의 상호작용 접점에서 디지털 고객 경험을 지원하는 새로운 관점의 시도와 변화가 꾸준히 일어나고 있다. 하지만 상대적으로 공공 영역의 많은 조직은 고객 경험 측면에서 핵심 요소들의 디지털화는 여전히 부족하다. 고객에 대한 분석, 상호작용 접점에 대한 분석과 설계 등 디지털 고객 경험 전반의 이해와 적용을 위해 획기적으로 변화시켜 나갈 필요가 있다.

03
디지털 고객 경험을 선도하는 사례

디지털 시대에 접어들며 기업의 생존 여부는 고객에게 제공되는 경험, 특히 디지털 경험이 매우 중요하다는 사실을 소개하였다. 디지털 전환의 시대에서 사실 누구도 정답을 확신할 수 없음에도 고유한 디지털 고객 경험을 찾아내어 고객과 깊은 유대 관계를 형성한 사례들을 소개하려 한다. 비록 민간기업의 사례이기는 하지만 공공 영역이 어떻게 디지털 시대에 적합한 차별적 고객 경험을 기획하고 국민에게 제공할 수 있는지를 고민하는 데 도움이 되리라 생각한다.

매장의 경험을 디지털 경험으로 개선한 이케아

이케아(Ikea)는 우리나라에도 잘 알려진 스웨덴의 가구 제조 기업이다. 대한민국을 비롯한 독일, 미국, 캐나다 등 세계 29개 국에 355개의 매장이 있고, 30여 개의 프랜차이즈 매장을 제외 하면 대부분이 직영점이다. 스칸디나비아 지역 고유의 디자인 과 저렴한 가격, 그리고 무엇보다 소비자가 직접 운반하고 조 립하기 때문에 배송 비용이 없는 DIY 개념의 제품 판매로 알려 진 유명 기업이다. 1953년 스웨덴 알름홀트에서 첫 번째 전시 매장이 오픈, 한국에는 2014년 12월 이케아 광명점을 시작으로 고양점, 기흥점, 동부산점 등 매장이 영업 중이다.

전 세계에서 충성도 높은 고객을 확보하고 있는 이케아 브랜드의 힘은 어디서 비롯될까? '지루하지 않게 살기(Live unboring)'는 이케아의 슬로건이며 지향점이다. 이케아 고유의 몰입형 고객 경험은 어린 시절, 매장에서 시작된다고 한다. 대 형 매장 내부 곳곳에는 최신 카탈로그 품목들이 영화 세트장을 연상시키는 멋지게 장식된 공간에 어우러져 있고, 마치 집에 있는 것과 같은 편안함을 제공한다. 바닥에 줄지어 있는 동선 안내용 화살표는 입장하는 모든 고객을 위한 좋은 경험을 설계 했다고 평가받는다. 다양한 연령대의 고객이 매장을 구경하는 과정에서 보고, 만지고, 느낄 수 있는 많은 것이 있다. 카페테

[그림 3-1] 이케아 오프라인 매장

출처: 구글 이미지

리아, 핫도그 판매대가 매장 중간중간 전략적으로 배치되어 있고, 마지막에는 식료품점이 고객을 기다리고 있다. 실은 이 또한 이케아의 몰입형 고객 경험이 식욕을 돋는다는 분석 결과에 따른 전략적 판단이다(Clifford, 2019). 이케아는 미래의 잠재 고객인 어린이와 성인에게 독특하고 양방향의 경험을 제공할 뿐만 아니라 문화적 고려도 놓치지 않는다. 다양한 문화와 상황을 인정한다는 점에서 포용하는 공간이다. 매장에 들어서는 순간부터 매장 내 경험, 주차장을 나서는 순간까지 모두를 위해 고려한 배려는 고객의 기억에 효과적으로 각인되는 경험이 된다.

70년의 역사를 가진 이 회사는 강력한 고객 경험을 제공함으로써 브랜드를 소비자로부터 인정받는 방법에 대해 많은 기업에게 영감을 제공해 왔다. 그렇다면 이케아는 디지털 시대에는 어떤 독특한 전략과 방법으로 우리에게 새로운 방향을 제시할까? 어떤 디지털 고객 경험으로 소비자와 새로운 관계를 형성할까?

오프라인과 온라인을 통합하여 디지털 고객 경험을 개선하다

거대한 소매업체인 이케아는 고객의 요구에 맞춰 끊임없이 스스로를 변화시켜 디지털 시대에도 성공적으로 적응하고 있다. 이케아의 디지털 전환은 소비자가 자사 제품에 몰입할 수 있도록 유도하는 디지털 고객 경험을 중심에 두고 있다. 오프라인 매장은 이케아가 70년간 타사와 대비되는 차별화, 가치 사슬, 고객 경험의 핵심이다. 이 공간에서 고객은 홈 인테리어가 어떻게 될지 상상하며 실현시키기 위해 구매해 왔던 것이다. 바로 이 사실 때문에 이케아는 디지털 전환을 향후 오프라인 판매 채널의 대체 개념이 될 것이라는 단순한 사고에 빠지지 않았다. 이케아의 판단은 매장 내에서 제공되는 디지털 고객 경험이 현실과 가상현실의 경계선을 넘나들게 하도록 만든 것이다. 고객의 모바일 전화기 이용 습관, 가구를 실제로 재배치하는 번거로움 없이 가구 배치를 확인하고자 하는 욕구를 확인한 이 기업은 2017년 증강현실(augmented realities)을 적용한 애플리케

[그림 3-2] 이케아 가구의 배치를 자유롭게 시뮬레이션할 수 있는
이케아 플레이스 애플리케이션

출처: 구글 이미지

이션 '이케아 플레이스(Ikea Place)'를 선보인다. 현실 세계의 실제 모습에 추가되는 정보만 가상으로 보여 주는 디지털 기술인 증강현실을 통해 고객은 다양한 각도에서 3D로 구현되는 가상의 가구 배치를 시각적으로 확인할 수 있다. 2,000여 개가 넘는 제품을 이 애플리케이션에서 확인할 수 있고, 구매를 원할 경우 이케아 사이트로 이동하여 결정할 수 있다(Ayoubi, 2017). 가구를 유사한 모델로 교체하려는 고객은 단순히 항목의 사진을 찍기만 하면 앱 내의 검색 엔진이 이케아 카탈로그의 항목을 제안한다. 전 세계 누구나 이 애플리케이션을 이용해 서비스를 제공받을 수 있다. 고객은 자신이 원하는 공간을 애플리케이션 외에도, 매장 내 디자인 스테이션에서 설계할 수 있다. 브랜드의 중

심에는 소비자가 있는 것처럼 소비자에게 제공된 디지털 경험의 역동성도 소비자를 위한 것이므로 정체되는 것이 아니라 인간의 취향 변화에 따라 함께 변화하는 이케아의 시도가 새로운 성장을 스스로에게 약속하고 있다.

고객 분석을 통해 단점을 개선하는 과감한 디지털 전환

이케아의 가장 큰 장점인 매장 기반의 고객 경험은 사실 디지털 시대에는 가장 큰 단점이 될 수도 있다. 파괴적 디지털 생태계에서 고객은 기존 소비에서 느끼는 불편함이 해소되는 다른 경로가 생기면 금세 이동할 준비가 되어 있기 때문이다. 이케아가 온·오프라인을 통합한 디지털 고객 경험의 개선을 통해 이루어 낸 성과는 철저한 고객 분석과 고객의 니즈에 대한 이해에서 비롯된 것이다. 아날로그 시대에 이케아의 매력은 매장에서 저렴한 가구를 소비자가 직접 구매하여 집으로 가져가서 조립하는 것이라고 설명한 바 있는데, 디지털 시대에 이르러 그들의 제품에 관심을 갖는 디지털 세대의 니즈는 달라졌다. 한마디로 말해, 시간, 장소, 플랫폼, 공간 등 이케아의 핵심 가치에 해당하는 여러 분야에 대해 고객의 니즈를 고려할 필요가 있었다. 이케아는 제품 카탈로그를 우편으로 제공하는 것은 물론 온라인에서도 활용할 수 있도록 변화를 시도하였다. 온라인에서 물건을 구매하고 이케아 매장으로 오지 않고 인근의 제휴 상점(satellite store)에서 픽업할 수 있게 하였고, 과거에는 소비자가 직접 가구를 집으로 가져가야 했지만 이제는 집으로 배달서비스가 가능하다(이케아 홈페이지).

2017년 이케아는 우리에게는 다소 낯선 이름의 기업 태스크래빗(TaskRabbit)을 인수하였다. 태스크래빗은 설치, 수리가 필요한 다양한 가사일을 해결할 수 없어 타인의 도움이 필요한 소비자와 이를 해결하는 '태스커(Tasker)'를 매칭해 주는 긱 이코노미(Gig Economy: 필요에 따라 임시적으로 일을 주고받는) 플랫폼이다. 웃기게 들리겠지만, 아이폰 판매 숍인 애플스토어(Apple store)에서 줄을 대신 서 주기도 하는데, 합병 전에 이미 태스커들의 목록에 있는 많은 서비스 중 하나는 이케아에서 구입한 가구를 조립하는 것이었다. 이케아의 최고경영자(CEO) 제스퍼 브로딘(Jesper Brodin)은 "이케아는 급변하는 소매 환경에서 고객의 삶을 조금 더 편리하게 만들기 위해 지속적으로 노력하고 있으며, 온디맨드(on-demand) 공유 경제를 도입하여 이를 지원할 수 있다. 태스크래빗의 디지털 전문성에서 배울 수 있을 뿐만 아니라 오늘날 고객의 요구 사항을 충족하는 유연하고 저렴한 서비스 솔루션에 접근할 수 있는 추가 방법을 제공할 것이다."(Carson, 2017)라고 하였다. 단순한 기업합병으로 보이는 이케아의 시도는 소매점의 강자와 긱(gig) 플랫폼 운영 사업자의 결합이 새로운 유통 시스템을 창출해 낼 수 있는지의 가능성을 보여 주는 사례로 평가받는다.

이케아의 전략적 판단이 높이 평가받는 것은 고객에 대한 깊은 이해 덕분이다. 이케아를 주로 이용하는 고객은 온라인의 이해와 이용이 매우 능숙하다. 이케아의 핵심 고객인 '가족이 있는 젊은 고객'은 일반적인 가구 구매 고객과 달리 아마존 프라임 등의 디지털 플랫폼에서도 정보를 검색한다. 이케아의 입장에서 다행스러운 것은 가구는 일반적으로 구매 전에 만지고, 느껴 보고 싶은 속성을 가진 제품의 특징 때문에 아마존과 같은 이커머스 업체로부터 많은 위협을 받지는 않았다. 물론 이케아는 아마존으로부터의 위협이 강하지 않은 상황이 일시적일 뿐이라는 사실을 충분히 잘 알고 있었기에 이 합병을 통해 핵심 고객의 디지털적 니즈를 채우고자 한 것이다. 태스크래빗

[그림 3-3] 태스크래빗 홈페이지

출처: 태스크래빗 홈페이지

03 디지털 고객 경험을 선도하는 사례

의 인수는 이케아의 저렴하면서도 실용적 디자인이 돋보이는 가구에 대한 관심은 높지만, 직접 조립해야 하는 부담으로 구매를 고려하지 않았던 고객에게 확장할 수 있는 효과를 기대할 수 있게 했다. 이 합병으로 태스크래빗이 해결할 수 있는 매우 구체적인 요구 사항이 있는 수천 명의 이케아 고객을 가진다는 사실에서 두 회사 모두 큰 이익을 얻었다. 이케아가 고객과 상호작용하기를 원하는 구매 여정의 핵심 지점에 있는 고객의 니즈를 정확히 이해하고 해결할 수 있게 된 사실에서 디지털 고객 경험의 가치를 확인할 수 있다.

이 외에도 이케아의 선도적 노력은 또 있다. 고객이 미리 주문하여 구매한 제품을 주차장에서 더 빨리 픽업할 수 있게 한, 소위 '클릭 앤 컬렉트(Click-and-Collect)' 프로그램이다. 이를 위해 판매관리(POS) 시스템, 전자상거래 프런트 엔드 프로그램과 최신 인벤토리 도구를 통합해야 하였다. 초기에 막대한 투자를 하였지만 이 서비스 모델의 혁신은 별도의 전자상거래로의 진출 고민을 덜어 주는 효과를 가져오기도 하였다(Megan, 2020). 또한 이케아는 2019년 도시형 소형 점포인 '이케아 플래닝 스튜디오'를 뉴욕 맨해튼에 오픈하였다. 교외의 대형 점포가 주류에서 사라져 가는 지역의 특성을 고려한, 임대료가 높은 도시 지역을 위한 쇼룸 전용 소규모 매장이다. 기존 대형 점포 평균 면적의 약 20분의 1정도 축소된 공간에서 고객은 가구 조립, 철거 등의 예약에 대해 설명을 듣고 전문가와 상담이 가능하다. 3D 이미징 도구를 사용하여 자신의 방을 디자인할 수 있도록 터치스크린 등 디지털 기기의 지원도 충분히 공급된다. 쇼핑은 영업 담당자의 태블릿에서 상품을 주문해 배송 날짜를 안내받고 예약이 이루어진다. 고객의 교외 매장 방문 시간을 줄여 주되, 충분한 디지털 고객 경험을 제공하는 접근성이 높은 시내 매장을 구축한 셈이다. 기존 브루클린의 대형 매장은 '플래닝 스튜디오'에서 요구된 고객 주문을 처리하는 센터 역할을 더하게 되어 기존 매장의 활용도 높이는 효과를 가져왔다.

오스트리아 이케아는 가구 소유자가 구매 후 몇 년이 지난 가구의 가치를 간단하게 몇 번의 클릭만으로 실시간 확인이 가능한 'Second Chance'라는 디지털 도구를 만들었다. 이케아의 제품 데이터베이스를 활용하여 가구의 상태에 따라 가치를 추정하는 방식이다. 놀라운 것은 소유자가 팔고자 할 경우, 이 가구를 지역 상점으로 가져가면 이케아 바우처로 교환받을 수 있다. 이 디지털 프로그램은 이케아 고객에게 그들이 구매한 가구가 저가로 인식되어 온 생각을 바꾸고 생각보다 높은 가치가 지속된다는 것을 주지하게 만드는 효과가 있다. 당연히 고객의 매장 방문과 구매를 높이는 동기부여의 효과가 컸다.

이케아의 또 다른 디지털 성공 스토리는 식품 공급망의 디지털 개편이다. 이케아 매장의 시그니처 메뉴라 할 수 있는 미트볼은 소비자 입장에서 부담 없는 가격이지만, 이케아 소매 판매의 상당한 비율을 차지하는 수입원이다. 제품에서 문제가 발생한 모종의 사건 이후 이케아는 식품 부문의 개선을 위한 디지털 플랫폼을 JDA 소프트웨어와 함께 구축하였다. 모든 식품을 입력하고 매장에서 재고 관리, 수령 기능을 디지털화하는 스캐너, 관리자가 더 쉽게 사용할 수 있도록 내장형 챗봇 지원이 포함된 디지털 대시보드, 그리고 요리사가 음식 배달 승인을 담당하는 매장 직원과 표준 품질에 대해 소통이 가능한 협업 도구 등이 모두 디지털 기반으로 통합되었다. 이케아 매장 내 식당과 가구 매장에 구분되었던 판매관리 시스템이 통합되는 등 매장 전반의 시스템도 개선되었다(이케아 홈페이지).

기업의 장단점을 잘 파악하고 고객 분석을 통해 성공적인 디지털 고객 경험의 사례를 만든 이케아의 최고 디지털 책임자(Chief Digital Officier) 바바라 마틴 코폴라(Barbara Martin Coppola)의 인터뷰는 많은 것을 시사한다.

"우리는 데이터와 분석을 빠르게 확장하여 의사 결정 방식을 바꾸고 있다. 디지털 혁신은 그 자체로 목표가 아니며 기술 그 이상이다. 우리는 비즈니스를 변화시키고 있다. 우리는 고객에게 제안하는 새로운 방법, 비즈니스를 운영하는 새로운 방법을 모색하고 있다. 그리고 성공하려면 이케아의 모든 측면에 디지털이 포함되어야 한다. 디지털은 회사에서 일하고, 의사 결정을 내리고 관리하는 방식이다. 이를 실현하려면 관련성을 유지해야 하며 끊임없이 변화하는 고객의 요구 사항과 함께 진화해야 한다. 즉, 고객과의 상호작용과 새로운 구매 여정에 관한 모든 것을 개선하는 것이다. 디지털 혁신을 언급할 때 목표가 아니라 더욱 고객 중심적이고 보다 스마트하고 민첩한 방식으로 작업하기 위한 여정이다. 고객의 라이프스타일과 미래의 요구 사항에 맞게 설계된 서비스와 제품으로 디지털 시대의 고객에게 우리 비즈니스가 매력적임을 보장한다. 이것이 우리의 변화가 고객에게 나타나는 방식이다. 그리고 항상 우리가 무엇을 하든 이케아 고객에게 제공하는 가치에 집중하고 있다"(Capgemini, 2018).

고객이 가는 길이라면……
온라인으로 대전환한 홈디포

성공적인 디지털 전환은 기업의 비즈니스가 디지털 변화의 동력을 지속적으로 창출하는 것을 가능하게 하는 것이다. 즉, 고객이 어디 있는지 확인하고, 제품과 서비스를 필요로 하는 순간에 가장 효율적인 방식으로 고객이 추구하는 가치를 제공하기 위해 발전하는 것을 의미한다. 기업 내 모든 조직이 기술을 수용하고 활용하여 고객과 잠재 고객의 변화 속도에 맞추어 비즈니스 모델을 조정해 나아가는 프로세스를 만드는 것이다. 결국 디지털 전환은 디지털 고객 경험을 개선하는 것에 집중하게 된다. 전문 유통 매장인 홈디포(Home Depot)의 사례를 소개한다.

[그림 3-4] 홈디포의 오프라인 매장

출처: 구글 이미지

미국에 본사를 둔 건축자재 및 인테리어 디자인 도구 판매
업체로, 2018년 기준 2,284개의 매장과 약 40만 명의 종업원이
일하는 대형 회사이다. 앞서 소개한 이케아가 소비자가 가구를
구매하고 조립하는 비즈니스 모델을 갖고 있다면, 홈디포는 집
수리(Home improvement) 등을 직접 하려는 사람들에게 자재,
도구를 판매하는 일종의 대형 철물점이라고 이해하면 된다. 소
규모 철물점에 비해 선택의 폭이 넓고, 전문성을 갖춘 직원의
상담 등이 복합적으로 제공된다.

소형 철물점에 비해 홈디포의 서비스 모델은 매우 성공적이
었고, 기업은 가파르게 성장하였지만, 시간이 지남에 따라 핵
심 가치인 DIY(Do It Yourself)에 대해 주저하는 새로운 유형의
고객이 등장, 확산되면서 성장 속도가 느려졌다. '스스로 알아

서 하는 DIY'가 아닌 필요한 것을 전부 설치해 주고, 최대한 손이 덜 가는 집안 꾸미기 경험을 원하는 '나를 위해 해 줘(Do-it-for-me)' 소비자 증가에 대한 문제점을 인식한 것이다(Lauchlan, 2015). 2018년 홈디포는 전통적 소비 경험을 전자상거래 플랫폼과 매장 내에서 디지털 방식의 상호 연결된 경험으로 전환하는 계획을 공개한다(Perigo, 2021). 매장 내 직원의 도움으로 한정된 고객 경험을 디지털 경험으로 전환하는 프로젝트로 공급업체와 매장들이 이런 전략에 함께 동참하고 실행할 수 있는 체계로의 전면적 개편 역시 필요한 것이었다. IT, 개발자, 데이터 분석 등의 분야에 투자가 시작되고, 그해 약 1천여 명의 기술 전문가를 고용하게 된다. 회사의 역량을 디지털로 전환하여 새로운 유형의 소비자를 위해 구축한 디지털 고객 경험을 개발할 수 있도록 하였다. 홈디포의 마케팅 책임자 이고 처니(Igor Cherny)의 설명처럼 "소매업체가 저지르는 가장 큰 실수는 특정 채널에 한정되는 것이다. 우리는 어떻게 하면 매장과 온라인에서 모두 작동할 수 있도록 할 수 있을 건지 항상 생각한다" (eTail Boston Conference, 2020).

기본 방향은 기존 오프라인 고객 경험에 미치는 영향을 최소화하면서 온라인과 오프라인 채널을 조화롭게 하는 것이다. 고객이 원하는 것을 추구하는 것, 고객이 원하는 방식으로 쇼핑할 수 있게 하는 것을 '하나의 디포(One Depot)'라는 슬로건 아래 모바일, 온라인, 매장 내 경험을 하나로 결합하는 것이다(홈

03 디지털 고객 경험을 선도하는 사례

디포 홈페이지). 매장과 온라인에서 콜센터에 이르기까지 모든 고객 접점에서 상호 연결된 경험에 대한 비전은 고객이 쇼핑하기로 선택한 위치에 관계없이 고객 경험을 지속적으로 향상할 수 있도록 하는 것이다. 이를 달성하기 위해 쇼핑객이 온라인, 매장 내 구매 등의 과정에서 부딪힐 수 있는 장애요인을 확인하였다.

홈디포의 새로운 디지털 고객 경험을 상징화하는 대표적인 접근은 애플리케이션을 통해 사용자가 스마트폰을 활용, 실제 생활 환경에서 제품을 시각화할 수 있도록 제공하였다. 이를 통해 제품의 사이즈를 측정하거나 집에 있는 가구를 실제로 가

[그림 3-5] 매장 외부의 야외 픽업(curbside pickup) 안내판

출처: 구글 이미지

져갈 필요 없이 가구나 장식물이 집의 인테리어와 어울리는지 확인할 수 있게 되었다. 홈디포의 새로운 시도는 코로나19 시대 우리에게 너무 익숙해진 온라인 구매, 매장 픽업(Buy online, Pick up in store: BOPIS)의 개념을 실현하였다. 소비자가 온라인으로 주문하고 매장에서 물건을 수령해 갈 수 있도록 개선한 고객 경험은 매장 내 수익 개선의 견인차가 되었다. 수천 개의 매장에 픽업 로커를 갖추고, 주문 처리 센터를 확장, 모바일 앱의 효용성을 높이는 데 집중하는 등 많은 서비스의 확장이 조화롭게 작동하였다. 홈디포는 지속적 업그레이드를 통해 매장 밖 길가 픽업(curbside pickup) 서비스와 더 빠른 배송도 선보이게 된다. 코로나19의 팬데믹 상황은 그들이 이미 갖춘 디지털 고객 경험의 개선 체계에서 위력을 발휘하였다. 소비자의 쇼핑과 거래 방식의 비대면화가 가속되면서 2020년 8월까지 홈디포의 디지털 판매는 100% 성장하였고, 온라인 주문의 60%가 매장 내 픽업으로 이루어졌다(Dignan, 2020). 홈디포가 구축한 대표적 주문 처리 옵션 '온라인 구매—가정으로 배송' '온라인 구매—매장 픽업, 매장 밖 길가 픽업'은 디지털 고객 경험을 개선하여 세 자리 수 이상의 매출 성과를 만든 요인으로 평가받고 있다.

홈디포는 디지털 환경 변화에 민첩하게 대처하기 위해 시스템 통합 기능과 아이디어를 업데이트할 수 있는 체계의 구축도 함께 이루어졌다. 아무리 잘 갖추어진 시스템도 결국 사람이 운영하는 것인데, 새로운 인력, 기존 인력을 망라한 모든 직원에게 새로운 사고방식을 교육하고 핵심역량을 넘어 조직 전반의 디지털 혁신을 추진하는 'OrangeMethod'라는 고유의 체계를 통해 디지털 고객 경험의 지속성을 조직 내부에 뿌리내리는 전략이 병행되었다는 점이다(Wallace, 2017). 이로써 그들은 대형 소매업체가 효과적으로 비전통적인 채널에 투자하는 합리적 경험과 디지털 기술을 통해 물리적 공간을 활성화하는 방법을 찾았다. 디지털 고객 경험을 가장 핵심에 두고 다채롭게 변화하는 소매업에서 지속가능한 비지니스 모델을 개선한 것이다.

세계 최고의 오프라인 골프대회에도 디지털 고객 경험을 적용하다, R&A의 The Open 운영

브리티시오픈은 마스터스, US오픈, PGA챔피언십대회와 함께 세계 4대 메이저 골프대회 중 하나이다. 1860년부터 시작된 세계에서 가장 오래된 골프대회이자 권위 있는 대회로 영국에서 개최되는데, 영국인들은 단 하나뿐인 오픈대회라는 자존심의 표현으로 'The Open'으로 부른다. 골프 애호가들에게는 브리티시오픈보다 디오픈 챔피언십으로 알려져 있으며 영국왕립골프협회(The Royal and Ancient Golf Club)가 주관, 매년 7월 중순에 개최된다. 2019년 북아일랜드 로열포트러시(Royal Portrush Golf Club)에서 펼쳐진 148회 디오픈대회는 북아일랜드 출신의 골프 선수 셰인 라우리(Shane Lowry)의 우승으로 막을 내렸다. 갤러리와 골프 팬들은 골프 선수들의 치열했던 승부에 환호하였다. 성공적으로 마무리된 이 대회의 이면에는 디지털 전환을 준비한 영국왕립골프협회(이하 R&A)의 노력과 성과가 있었다.

가고자 하는 방향을 명확하게 하다

R&A는 보유한 강력한 상품인 디오픈 챔피언십이 짧은 대회 기간에만 화제가 되는 한시적 이벤트 성격에 그치지 않고, 골프 마니아들이 디오픈대회 개최일까지를 정점으로 1년 내내 즐길 수 있고, 전 세계 수백만 명의 팬들과 함께 디오픈 최고의 경험을 제공하는 것을 목표로 설정하였다. R&A의 마케팅 책임자 케빈 맥킬러언(Kevin McQuillan)이 "세계에서 가장 존경받는 스포츠 이벤트 중 하나인 디오픈의 위상에 오랜 유산과 전통이 중요하지만, 혁신을 통해 챔피언십을 더 성장시키는 것도 중요하다."고 말한 것처럼 기존 고객과의 참여를 높이고 새로운 고객을 확보하기 위한 디지털 전환 전략을 구현하는 것이 급선무였다(The Marketing Society, 2019). R&A의 첫 출발은 홈페이지가 브랜드를 위한 강력한 마케팅 도구가 될 수 있도록 목표와 전략을 수립하여 모바일 우선(Mobile First)에 중점을 두고 디자인을 적용, 디지털 경험을 재구성하는 것이었다. 새로운 전략

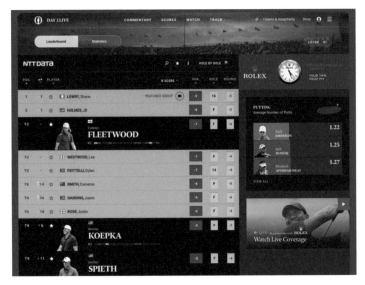

[그림 3-6] 디오픈 챔피언십 홈페이지

출처: 디오픈 챔피언십 홈페이지

적 접근의 핵심은 고객 경험의 차원에서 사이트를 방문할 때마다 새로운 것을 제공하고, 원하는 것을 쉽고 빠르게 찾을 수 있게 하는 것이 고려되었다(Businessfirst, 2019). 새 웹사이트의 주요 기능은 디오픈의 뉴스, 선수, 경기 영상 등 콘텐츠를 제공하는 풍부한 방송 허브와 디지털 고객 경험을 개선함으로써 갤러리 티켓 및 기념 상품 판매 등 하나의 연결된 디지털 고객 경험을 수렴하여 상업적 목표를 지원하는 것이다. 즉, 고객에게는 활력을 불어넣는 동시에 R&A의 상업적 기회를 극대화하는 효과를 기대하였다.

모바일 우선 접근으로 콘텐츠 소비를 유도

오늘날 어떤 비즈니스에서도 모바일 환경을 우선순위에 두는 것은 너무도 당연한 디지털 전략이지만, 보수적인 문화에 익숙한 조직은 여전히 디지털 전환에 대해 주저하는 경우가 많다. R&A 내부에서도 데스크톱 경험에 여전히 집착하는 조직 문화와 구성원이 있었지만, 디지털 전환에 관한 전략 방향을 내부적으로 설득하여 디지털 관련 부서만이 아니라, 조직 전체에 적용하여 작동하도록 하였고, 장기적 기획을 통해 디지털 변화에 능동적으로 대처하도록 움직였다.

웹사이트 역시 진정한 모바일 우선 경험을 제공하도록 제작되었다. 향상된 미디어 기능을 통해 팬은 100년에 걸친 디오픈의 풍부한 아카이브에 접근하여 다양한 비디오 콘텐츠를 포함, 풍부한 콘텐츠를 즐길 수 있도록 설계하였다. 특정 기간 동안 한정되어 개최되는 골프대회 특성상 고객들을 비대회 기간에도 꾸준히 유입할 수 있는 고객 경험적 콘텐츠를 제공하는 것이 중요할 수 있다. R&A의 고객 분석 결과, 콘텐츠에 대한 팬들의 니즈를 확인할 수 있었고, 대회 기간 동안 생산된 여러 화제를 '비하인드', '인사이트' 등의 정보형 콘텐츠로 제공할 수 있도록 웹사이트 개편 과정에 반영하였다. 선수와 그들의 커리어에 초점을 맞춘 사이트의 새로운 기능인 'The Road to The Open'은 다양한 예선 이벤트를 통해 디오픈 챔피언십으로 향하는 골프

03 디지털 고객 경험을 선도하는 사례

[그림 3-7] 디오픈 챔피언십대회 기간 콘텐츠 서비스 제공 화면

출처: 구글 이미지

선수의 여정에 대한 이야기를 구축하기 위해 고안되었다(Tec:
agency, 2020).

디지털 고객 서비스 개선을 통한 상업적 성과

R&A의 디지털, 사용자 경험(UX) 책임자 캐런 리틀(Karen
Lyttle)이 밝힌 것처럼 웹사이트는 디오픈의 브랜드 자산 유지
외에도 상업적 목표 달성이 중요한 도구였다(Leonte, 2019). 디
지털 이용자 층을 확대하고 고객 참여를 대회 기간이 아닌 연
중 지속하는 것 역시 고려되었다. 오래된 역사의 디오픈 챔피
언십의 팬은 나이가 많고 변화에 대해 보수적인 성향이 있지

만, 상업적 가치를 높이기 위해 교차 판매나 업셀링(up-selling: 같은 고객이 이전에 구매한 상품보다 더 비싼 상품을 구매하도록 유도하는 방식)과 같이 기존에 없던 새로운 제도를 도입한다. 물론 팬들의 거부감과 저항을 줄일 수 있도록 세련되고 조심스럽게 구현하는 것이 중요하였다. 웹사이트의 디자인과 감성은 사이트 전반에 스며들도록 새로운 색상을 적용하고 선수들을 전면에 내세워 마치 골프 코스의 분위기를 느낄 수 있게 설계되었다. 대회 역사상 처음으로 237,750명의 팬이 참여한 가운데 라이브로 티켓 판매를 시도하였고, 개시 6주만에 판매가 완료되었으며, 대회가 치러지는 기간 동안 홈페이지에는 7백만의 사용자가 접속하는 기록을 달성하였다(Jackson, 2019). 발권 등의 새로운 디지털 서비스가 가능한 기술적 해소, 디지털 전략 기반의 전략 수립을 통해 매진 사례를 만든 것이다. 그들은 전략적 방향에 필요한 디지털 서비스 기업들과의 협업을 시도하였고, 대체의 도전 과제들을 모두 실현하였다. 그 결과, 티켓 구매 과정에서 새롭고 향상된 고객 경험을 제공, 모바일 장치에서 티켓 판매 47% 증가, 모바일 페이지 조회 수 55% 증가, 모바일 이탈률 22% 감소와 같은 성과를 이루었다. 여러 형태의 디지털 마케팅을 통해 발권을 권유하는 랜딩 페이지(검색 엔진, 광고 등을 경유하여 접속하는 이용자가 최초로 보게 되는 웹 페이지)에서 구매 확인 페이지(즉, 실제 구매로 이어진)로의 전환율은 126% 증가하였다. 티켓 판매가 너무 성공적이어서 R&A는

03 디지털 고객 경험을 선도하는 사례

사상 최초로 대기자 명단을 작성해야 했다. 대회 기간 동안에는 오픈 접속 이용자당 세션 수 15.5%p 증가, 페이지 조회 수 24.1%p 증가, 평균 접속 시간 55.8%p 증가, 250,000명 이상의 라이브 스트리밍 사인업과 같은 큰 성과를 거두었다(Sitecore, 2019).

디지털 전환이 가져온 기획의 변화
-가상 챔피언십대회

코로나19의 전 세계적 확산에 따라 2021년부터 많은 전통적 스포츠 이벤트가 취소되거나 연기되었다. 디지털 고객 경험을 개선하는 디지털 전환을 꾸준히 준비해 온 R&A의 디지털 역량은 디오픈 챔피언십대회의 명성만큼 새로운 도전을 시도하였다. 2020년의 149회 디오픈 챔피언십대회가 취소되면서 R&A는 인공지능(AI), 데이터 기술을 활용하여 과거 50년 위대한 선수들이 출전하는 가상대회(virtual championship)를 개최하였다. The Open for the Ages로 명명된 이 대회는 실제 개최 예정일인 7월 16~19일 동안 매끄럽게 편집된 아카이브 영상, 현대적인 그래픽 및 신선한 해설이 결합, 선수들의 기록 통계와 팬들의 투표참여를 기반으로 한 데이터 모델을 통해 승자가 결정되는 라이브로 진행된 대회였다. 골프 팬들이라면 설레어 할 만한 최고의 선수인 잭 니클라우스(Jack Nicklaus), 톰 왓슨

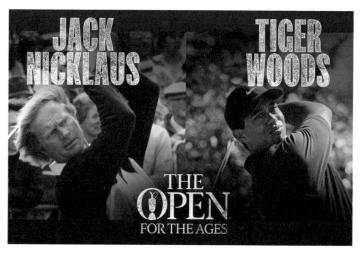

[그림 3-8] 잭 니클라우스와 타이거 우즈의 가상 대결 대회인
The Open for The Ages 소개

출처: 구글 이미지

(Tom Watson), 타이거 우즈(Tiger Woods), 로리 맥길로이(Rory Mcllroy) 등이 참가하여 혁신적인 디지털 골프 경험을 할 수 있는 기회를 제공하였다.

과거 위대한 선수들의 위대한 기록에 수천 개의 데이터 분석 도구를 구현하여 제작된 매력적 콘텐츠는 디지털 기술에 대한 이해, 디지털 고객 경험에의 전략적 통찰에서 비롯되었고, 현실에서는 불가능한 과거의 위대한 선수와 현재의 위대한 선수를 모으는 매력적 개념과 고객의 디지털 양방향 참여까지 고려된 스포츠 콘텐츠의 새로운 가능성을 보였다. 디지털 시대의 변화에 따라 기술을 통해 더 강력한 팬 참여를 유도한 가상 대회는 실제 라이브 이벤트의 즐거움을 대체할 수는 없겠지만 새로운 스포츠의 미래이며, 디지털 고객 경험과 기술은 점점 더 중요한 역할을 하게 될 것이다.

R&A의 디지털 부서는 더 나은 고객 경험을 구축하고 개인 맞춤형 서비스를 제공하기 위해 고객 데이터를 종합하는 데 많은 노력을 기울였다. 디지털 멤버십 프로그램 'One Club'으로 고객에게 티켓 구매 우선순위를 부여하고, 비회원이 누리지 못하는 콘텐츠 소비를 즐길 권리를 제공함으로써 고객 데이터를 확보할 수 있었다. 'One Club'이 주요한 상업적 목표로 성장함에 따라 회원에게 통합 고객 계정 경험을 업그레이드할 수 있었다. 비싼 요금의 티켓 구매와 관리가 포함되었고, 토너먼트와 관련된 새로운 사용자 편의 기능 및 프리미엄 콘텐츠 등이 강화되었다. 이는 디오픈대회 티켓을 매진시키고, 대회 주간 및 연중 내내 온라인으로 참여하는 팬 수를 최대화하기 위한 것이다. 웹사이트의 디지털 고객 경험 개선을 위한 R&A의 디지털 혁신은 조직의 경직성과 상관없이 과감한 투자와 의사 결정, 전략적 기획을 통해 위험 요인을 줄여서 고객과 비즈니스 모두에 상당한 이익이 될 수 있음을 보여 주는 좋은 사례라 할 수 있다.

소비자에게 관련성 높은 디지털 고객 경험을 제공해 성장을 촉진한 브롬톤 자전거

교통수단으로 혹은 여가생활을 위한 목적으로 자전거를 이용하는 인구가 늘고 있다. 자전거는 디자인, 성능 측면에서 구매 관여도가 높은 제품군이다. 접이식 자전거로 상징화되고 있는 브롬톤(Brompton)은 세계적으로 사랑받는 브랜드이다. 1970년대 중반 앤드루 리치(Andrew Ritchie)가 기존 접이식 자전거를 개선한 초기 디자인의 성공이 2018년 47,000여 대를 생산하는 수준에 이르렀고 70% 이상이 해외로 수출되고 있다 (Made Here Now, 2019). 수작업으로 제조하는 원칙을 유지하는 브롬톤과 같은 기업도 디지털 고객 경험의 중요성을 깨닫고 고객에게 온라인으로 상호작용을 할 수 있는 방법을 고민하였다. 어떤 고민이 디지털 전환의 필요성을 느끼게 하였고, 어떤 전략으로 더욱 성장할 수 있는 기회로 만들었을까?

불편한 구매 과정과 통일되지 못한 브랜딩

브롬톤은 전 세계에 14개 매장을 보유하고 있지만, 판매 비중의 상당수는 파트너 제휴를 맺은 소매점을 통해 이루어진다. 이런 비즈니스 모델은 오랫동안 유지되었다. 우수한 수제 자전거를 생산하는 전문성은 브롬톤 고유의 강력한 자산이지만, 마케팅과 판매는 전적으로 파트너 소매점에게 달려 있는 듯했다 (Adyen, 2020). 브롬톤의 자전거를 구매하는 고객의 구매 여정이 너무 불편하였다. 구매의사가 있는 경우, 실물을 보고 시험해 볼 수 있는 매장 중 한 곳을 방문하여 온라인에서 자전거 몸체에 손잡이, 바퀴, 안장 등 여러 옵션을 색상별로 구성해 보고, 다시 매장으로 가서 주문을 한 후 마지막으로 제품을 받으러 직접 방문해야 했다.

50년 역사의 제조업체는 고객의 요구 사항이 변화하고 있음을 인식하였다. 소비자는 더 이상 오프라인 구매 경험에 만족하지 않고, 브랜드와의 깊은 감정적 교류를 원하였다. 하지만 고객 관련 데이터가 단편화되어 고객의 구매 여정과 개별적 니즈에 대해 통찰력을 얻기가 어려웠다. 브랜딩, 마케팅 분야에서 종사하는 독자라면 쉽게 알겠지만, 데이터를 통한 고객 분석 없이 소비 경험을 개인화하기란 어렵고, 지속가능한 장기적 관점의 고객 관계 구축, 브랜드 충성도를 기대하기란 어렵다. 궁극적으로 매출을 극대화할 수 있는 판매 기회를 놓치게 되는 악순환이 지속된다. 물론 브롬톤이 이런 노력을 전혀 하지 않은 것은 아니다. 함부르크, 암스테르담, 런던 등에 자전거 판매 매장, 수리 공간 등이 마련된 특별 매장인 브롬톤 정크션(Brompton Junction)을 도입하였지만, 소비자에 대한 이해, 최종 구매 과정에 이르는 판매 유입 경로에 대해 더 명확하게 이해할 필요가

[그림 3-9] 브롬톤 자전거를 타고 있는 사진

출처: 브롬톤 홈페이지

있었다. 그들은 이미 몇몇의 마이크로사이트, 블로그와 같은 디지털 플랫폼을 보유하고 있었지만, 오프라인 고객 경험과 연계되지 못하였다. 이에 따라 비즈니스의 확장을 지원할 수 있는 디지털 고객 경험 개선의 필요성이 강조되었다.

또한 해외 여러 국가에서 70% 이상의 매출이 발생함에도 불구하고 일관되고 통일된 마케팅은 이루어지지 않았다. 일본에서의 브롬톤은 가장 비싸고 양질의 자전거를 구매하고 싶어 하는 비즈니스맨을 위한 자전거로 인식되어 있는가 하면, 한국에서는 쾌활하고 축제를 즐기는 젊은 청중을 지향하는 것으로 인식되어 있었다. 요약하자면, 국가별로 다른 브랜드 이미지와 고객 경험을 갖게 되는 브랜드 전반의 일관성 부족도 지적되었다.

디지털 고객 경험 개선을 위한 브롬톤의 여정

브롬톤은 우선 제품의 핵심가치에 대한 정의부터 출발하였다. 브롬톤이 더 이상 '접이식 자전거의 틈새시장'에 한정된 정체성이 아닌 '이동 수단으로서의 의미'를 강조하며, 궁극적으로 '사람이 이동하는 방식을 통해 우리가 살아가는 도시의 삶을 개선하는' 가치가 강조되었다. 그리고 고객 범위의 정의와 고객 구매 여정을 설계하고, 단계별 니즈를 파악하는 것 역시 가장 중요한 출발이었다. 브롬톤의 야심찬 디지털 전환은 고객을 더 잘 이해하기 위해 매장에서 시간을 보내는 것, 즉 고객 구매 여정에 대한 조사와 인터뷰를 통해 수행되었다. 브롬톤은 잠재 고객에 대해 그룹별 특성을 고려하여 여러 페르소나로 부여하였다. 제품 구매를 고려 중인 '빌더(builder)', 제품의 특징을 최근에 알게 된 '초보(novice)', 자전거를 이용해 통학/통근하여 자전거의 즐거움과 기쁨을 이해하고 있는 '알려진 고객(known customer)', 브롬톤에 대해 적극적으로 알고 싶어 하는 '슈퍼 팬(super fan)'으로 분류되었다(Ainsworth, 2019). 이는 새로운 고객을 유치하고 지속적으로 브랜드에 참여하도록 디지털 고객 구매 여정을 만드는 전략 수립의 기초가 되었다. 구매한 지역적 위치나 방법에 관계없이 고객에게 개인 맞춤화된 다중 채널 경험을 제공하는 것과 브랜드 일관성을 제공하기 위한 목표가 수립되었다. 전체 소매 제품에 걸쳐 빠르게 확장할 수 있고 추적된 프로필을 기반으로 각 고객이 구매 여정 어디에 있는지를 고려하여 개인화를 제공하는 세부 목표를 통해 국가별 웹사이트, 트렌드, 시장 내 소비자 행동과 관련된 콘텐츠, 제품의 맞춤화 제안 기능을 부여한 플랫폼을 활용하여 고객에게 일관된 브랜드 경험을 제공하기 시작하였다. 제품의 가치 측면에서 접이식 자전거의 효용성은 무엇인지, 자전거가 고객의 삶에 어떻게 어울리는지, 기존 구매 소유자나 잠재 고객 등 목표 고객 설정과 더불어 구매 경험에 대해서도 정의를 내렸다.

브롬톤의 디지털 전환 목표는 글로벌 플랫폼 사이트코어 (Sitecore)와의 협업을 통해 구현되었다. 디지털 전환의 주요 기능은, ① 어떤 지역에서도 동일한 수준의 개인 맞춤화된 웹 접근성 강화, ② 다양한 콘텐츠를 활용한 풍부한 정보 제공, ③ 라이프스타일 선택을 기반으로 하여 자전거를 구성하는 도구 제공, ④ 제품과 고객의 다양성을 강조하기 위한 소셜 피드(social feed)의 통합, ⑤ 오프라인 매장과의 원활한 접근으로 온라인에서 자전거를 제작할 수 있는 기능, ⑥ 브롬톤 자체 매장을 쉽게 찾을 수 있는 도구, ⑦ 사용자가 사이클링을 시작할 수 있도록 영감을 주기 위해 설계된 공유 가능한 콘텐츠, ⑧ 고객이 스스로 결정할 수 있게 유도하는 셀프 페이지 등으로 설계되었다. 사용자 중심의 편의성이 높고 신속한 사용이 가능하도록 구조와 디자인이 완전히 최적화되고, 온·오프라인에서의 소비자 인터뷰를 통해 정교화되었다(Figaro Digital, 2020). 사이트는 영국뿐만 아니라 국제적으로 성장하는 잠재 고객의 요구 사항을 충족할 수 있도록 하기 위해 미국, 중국, 유럽 및 아시아의 리셀러를 포함, 고객과의 소통을 통해 다양한 생각과 요구 사항을 이해하였다. 기술적으로도 사이트의 구매 사용자 경험을 개선하기 위해 부분적으로 완료되거나 저장된 사용자 접근에 대해 빠른 액세스를 제공하여 사용자가 쉽게 구매를 재개하고 완료할 수 있도록 하였다. 특히 모바일 기기에서 최대한 빠르고 쉽게 구매할 수 있도록 구매 단계의 숫자, 정보의 양을 줄이기 위해 끊임없이 노력하였다.

브랜드에 대한 브롬톤의 새로운 고객 구매 여정은 각 단계에서 인사이트를 제공하여 새로운 콘텐츠 전략에도 사용되었다. 디지털 플랫폼을 통해 기능을 설명하고 고객의 자전거 제작을 경험하게 하는 안내 콘텐츠가 제공되었다. 온라인으로 자신만의 자전거를 제작할 준비가 된 사람들을 위해 각 자전거에 적용되는 연구 및 기술 수준을 보여 주는 콘텐츠를 만들었는데, 이 콘텐츠는 품질을 강조하고 각 선택 사양에 대한 기능을 충분히 설명하였다. 디지털상에서의 자전거 제작 경험으로 브롬톤에서 구현 가능한 1,600만 개의 조합 중에서 선택하여 개인에게 맞춤화된 자전거를 실험하고 구성할 수 있게 되었다(브롬톤 홈페이지). 소매점을 통해 자전거를 구매한 고객과 관계를

[그림 3-10] 2020년부터 브롬톤 매장에서 제공하기 시작한 화상통화 서비스 (Brompton Live In-Store Expert)의 한 장면

출처: 구글 이미지

유지할 수 있는 능력은 디지털 시대에 매우 중요한데, 자전거를 구매한 시기와 관계없이 브롬톤만의 고객 경험을 제공하였다. 소유자의 경우, 개인화를 가능하게 하기 위해 소유자가 얼마나 자주, 어디서, 언제 타는지를 묻는 일련의 라이프스타일 분석 과정을 설계하여 관리 방법과 자전거 관련 이벤트에 참여하는 등의 맞춤형 콘텐츠가 설계되었다. 앞서 언급한 개인화된 구매 여정의 분석에 따라 초보자의 경우는 처음으로 완수할 수 있는 라이딩에 관한 콘텐츠, 숙련자에게는 보다 더 고난도의 콘텐츠가 제공되었다.

디지털 전환을 통해 글로벌 브랜드의 일관된 정체성을 부여하였고, 고객의 구매 여정에 따른 소비자 분석과 전략으로 핵심 고객층에 대한 고객 개인별 최종 경험을 제공하는 플랫폼 등 전반의 디지털화는 상당한 성과를 가져왔다. 개별 소매점의 판매에 의존하였던 70%의 해외 국가 판매는 글로벌 수준의 조정된 디지털 고객 경험을 제공하여 새로운 고객을 유치하고 브랜드와의 지속성 있는 감정적 교류의 양방향성을 획득하게 하였다. 브롬톤의 성공 사례를 분석한 인비카(Inviqa, 2016)의 보고에 따르면, 브롬톤의 새로운 웹사이트는 여러 기관으로부터 사용자 경험(UX), 사용성(usability) 분야의 수상 성과를 내는 등 사용자 중심의 고객 경험을 구축한 사례로 인정받고 있다. 브롬톤의 사이트를 통해 직접 판매가 가능한 이후, 전자상거래 수익은 두 배 이상, 온라인으로 자신만의 자전거를 구성하고 저장한 고객은 103%, 고객이 사이트에 머문 시간은 평균 30초 이상 증가하였다.

고객 참여와 충성도를 높여 온라인 수익을 개선한 칙필레

우리에게 다소 생소한 칙필레(Chick-fil-A)는 미국에서 가장 큰 프랜차이즈 패스트푸드 레스토랑 중 하나이다. 주메뉴는 닭

고기 패티로 만든 샌드위치이며, 2021년 기준 약 2,600여 개의 매장이 운영되고 있다. 1946년 트루에트 캐시(S.Truett Cathy)가 조지아주에서 가게를 오픈한 것이 처음으로, 칙필레라는 이름은 1967년에 최초로 사용되었다(Wikipedia). 매년 30만 명 이상의 소비자를 대상으로 실시하는 미국의 소비자 만족도 지수(American Customer Satisfaction Index) 보고서에 따르면 2019~2020년 최고의 레스토랑 브랜드는 칙필레로 6년 연속 업계 1위를 차지하였다(Kelso, 2020). 소비자는 주문 정확도, 음식 품질, 서비스 속도 및 모바일 앱 신뢰성 등의 지표에서 다

[그림 3-11] 칙필레 외부 매장의 모습

출처: 구글 이미지

03 디지털 고객 경험을 선도하는 사례

른 레스토랑보다 칙필레에 높은 순위를 부여하였다. 이 외에도 MBLM의 브랜드 친밀도 조사, Temkin Experience Ratings 설문조사 등 여러 조사에서 고객으로부터 항상 상위권에 해당하는 평가를 받고 있다(Kelso, 2021).

칙필레의 디지털 전환은 구매 여정에 대한 이해로부터 출발

훌륭한 음식과 고객 서비스를 통해 높은 고객 만족을 제공하는, 미국에서 가장 빠르게 성장하고 있는 레스토랑 체인 중 하나인 칙필레는 디지털 전환에서도 앞서고 있다. 칙필레의 고객 디지털 경험 수석 이사(senior director of customer digital experience) 케빈 퍼서(Kevin Purcer)는 디지털 전환의 시대에 고객 디지털 경험 전담부서의 역할이 커지고 성장이 지속되면서 사내 고객 경험 팀을 확장하고 있다고 밝혔다(Easley, 2021). 고객 경험 팀의 확장은 칙필레의 디지털 전환의 방향을 읽을 수 있는데, 고객 구매 여정을 철저히 고려하였음을 알 수 있다. 고객 구매 여정의 과정을 5단계로 세분화하고 이를 전담하는 더 작은 조직에게 미션을 부여하는데, 이는 다음과 같다. 디지털 디스커버리(Digital Discovery) 부서는 잠재 고객이 무엇을 먹을지 결정하는 순간(온라인/모바일을 활용한 레스토랑 검색과 같은)의 고객 경험에 대해, 디지털 주문(Digital Ordering) 부서는 자사의 애플리케이션, 웹사이트 혹은 다른 디지털 서비스에서 메뉴가 어떻게 고객에게 보이는지, 고객이 메뉴와 어떻게 상호작용을 하는지에 대한 경험을 고려한다. 주문 처리(Order Fulfillment) 부서는 고객이 주문 후에 메뉴를 수령할 때까지의 경험을 처리하는데, 주문 후 음식이 고객에게 전달되는 시간과 커브사이드 픽업(온라인으로 상품을 주문한 후 지정된 장소에 가서 차를 탄 상태에서 수령하는 것)을 개선하는 위치 기반 기술이 포함된다. 고객 관계(Customer Engagement) 부서는 고객의 레스토랑 방문 후 어떤 서비스와 제품이 재방문을 이끌 수 있는지의 고객 관계에 대한 역량에 집중한다. 사용자 경험 디자인(User Experience Design) 부서는 전체 고객 경험 단계가 매끄럽게 작동하고 있는지에 검증 역할을 수행한다. 이들에게 디지털 전환은 단순히 신기술과 트렌드의 적용이 아니며 디지털 경험에 브랜드 미션인 인류애의 가치를 더하는 과정이다. 궁극적으로 고객을 지향하고 돌보는 칙필레의 고유한 철학의 토대 위에 이루어졌다(Easley, 2021).

디지털 전환을 준비하는 많은 기업이 AI 기반의 설루션을 활용하는 경우는 증가하고 있는데, 일반적으로 필요한 기술을 가진 다수의 업체와 계약을 하고 투자를 한다. 하지만 단편적인 접근 방식은 비용이 많이 들며, 비효율적이다. 종합적인 전략 없이 그때그때 필요한 여러 업체의 설루션을 이리저리 투자하다 보면, 각 소프트웨어들은 서로 호환되지 않는 경우가 많아 통합에 어려움을 겪기도 한다. 이런 식의 단편적 의사 결정은 비즈니스의 개선을 가져오지 못하고, 오히려 해결되지 않은 더 큰 과제를 남기기도 한다. 디지털 전환을 통해 이루고자 하는 완성된 설계가 없다면, 실제 고객의 통합된 데이터를 가지고 성장 기회를 식별하고 활용하는 것은 불가능하다. 고객 구매 여정을 설계한 후 해당 과정의 설루션을 통합적으로 준비한 것이 칙필레의 성공을 가능하게 한 핵심 동인이다. 레스토랑 브랜드의 경우 고객 경험을 개선하기 위해 디지털 기술이 고객 구매 여정의 여러 접점(touchpoints)에서 생길 수 있는 불편함을 제거하는 데 활용되고 있다. 칙필레의 경우 '외식에서의 불편함 없는 미래'를 선도적으로 지향하는데, 고객은 매장에 들어서서 바로 테이블로 직행하여 모바일 앱을 활용하여 주문과 지불을 손쉽게 할 수 있다. 필요한 서비스를 추가하거나 매니저와 대화를 신청할 수 있는 옵션까지도 테이블 위에서 구현된다. 단순한 테이블 주문으로만 이해하면 안 되는 것은 실시간 테이블 모니터링으로 불편함 없는 식사 경험을 제공할 뿐만 아니라 포스기, 결제, 프로모션, 고객 설문조사, 직원 커뮤니케이션 등 통합적 데이터를 생성하고 활용할 수 있게 한다.

칙필레가 시도한 디지털 전환의 또 다른 사례는 데이터를 사용하여 신규 매장의 위치를 선정하는 디지털 의사 결정에의 과감한 움직임이다. 디지털 전환의 핵심이 데이터 분석과 예측에 관한 것임을 설명하였는데, 고객 분석 외에도 지역, 시장의 분석 예측 시스템을 활용하여 최적의 위치 선정을 시도하고 있다 (ArcGIS 시스템). 과거에는 의사 결정에 필요한 도구로 종이 지도, 구글 지도의 인쇄물 등이 활용되었다고 한다. 새로운 시스템은 정보가 필요한 내부 직원들에게 데이터 접근 권한을 제공하여 이전의 도구를 활용하는 낡은 프로세스를 단절시켰고, 데이터로 자체 응용 프로그램을 만드는 데 앞장섰다(Maddox, 2017). 편의성 높은 자체 프로그램으로 손쉽게 의사 결정 내용을 확인하고 보고할 수 있는 도구로서 활용 가치를 높였다. 칙필레 전략 및 분석 팀의 위치기반 GIS 책임자 찬 리(Chan Lee)는 시스템을 활용하여 매년 90~100개의 신규 매장을 오픈할 것으로 밝혔다(Allison, 2017). 이것이 바로 디지털 전환의 흐름을 선도하며 고객만족도 조사에서 1위를 놓치지 않는 칙필레의 성과와 경쟁력이라 할 수 있다. 코로나19의 위기 상황에서도 칙필레의 디지털 전환은 새로운 도전을 슬기롭게 풀어 가고 있다. 모바일 앱을 통한 주문과 드라이브 스루를 통한 픽업의 개선은 비대면 사회에서 고객이 제공받기 원하는 니즈를 해소하기 위한 지속적 노력의 결과이다. 주차장에 모바일 전용 픽업 장소를 위한 디스플레이 체계를 구축하였고, 레스토랑 내부에 주문 스테이션을 추가하였다. 미국 질병통제예방센터가 제시한 사회적 거리두기 기간 동안의 권고만이 아니라, 새로운 비즈니스 변화인 디지털 이니셔티브에 지속적으로 투자하고 적응해 나가고 있다(칙필레 홈페이지).

03 디지털 고객 경험을 선도하는 사례

디지털 고객 경험을
브랜딩하는 공공소통

제**2**부
디지털 시대
고객 경험의 브랜드

2019년 통계 기준 전 세계 인구는 약 76억 명인데, 모바일 사용 인구는 전체의 67%에 해당하는 약 51억 명, 인터넷 사용 인구는 57%인 약 44억 명으로 나타났다. 소셜 미디어 이용자는 전체 인구의 45%에 해당하는 약 34억 8천 명 수준에 이른다(Kemp, 2019). 디지털화의 빠른 흐름이 소비자 행동을 어떻게 변화시키고 있는지에 대한 가장 일반적인 이해는 온라인 쇼핑의 사용 증가다. 일부 사람들은 디지털 시대가 가져온 데이터 기반의 완전한 투명성과 온라인 쇼핑의 성장으로 과거의 브랜드 개념은 더 이상 중요하지 않다고 주장한다. 그러나 이는 피상적인 해석이며, 디지털 전환 시대에 브랜드의 영향력은 과거에 비해 더 커졌다는 견해가 더 설득력을 얻고 있으며, 소비자의 구매 프로세스 전반과 행동에 지대한 영향을 미친다. 구매 프로세스의 디지털화(스마트폰, 웹사이트, 검색 및 소셜)는 기업이 생각하고 행동해야 하는 방식을 근본적으로 바꾼다. 디지털에서의 존재 가치를 어떻게 개선해야 하는지 뿐만 아니라 브랜딩에 대해서도 더욱 심도 있게 고려해야 한다.

고객 경험에서 브랜드의 역할

기본적으로 브랜드는 고객, 직원, 경영진과 여러 이해 관계자 간의 네트워크뿐만 아니라 브랜드와의 상호작용 과정에서 느끼는 감정과 태도로 구성된다. 고객 경험은 앞서 설명한 것처럼 고객이 브랜드와의 상호작용을 어떻게 인지하는지에 따라 정의된다. 예를 들어, 브랜드가 단순성, 유연성을 지향하고 소비자에게 약속해 왔다면, 매장 내이건 온라인에서건 소비자와 이루어지는 모든 접점에서의 상호작용 과정에서 고객이 기대하는 것이 바로 그것이 된다. 고객 경험이 브랜드가 제시하는 약속을 일관되게 이행하지 않으면 문제가 발생한다. 브랜드는 경험에 대한 고객의 기대를 설정한다. 우수한 고객 경험 제공 여부는 이러한 기대치를 얼마나 잘 실행하는지에 달려 있다. 이상적으로 고객 경험을 제공한다는 것은 브랜드와 고객 경험 간의 연결고리를 이해해야 가능하다. 대부분의 기업에 있어 가장 중요한 자산은 브랜드와 고객 관계이다. 고객과의 접점 포인트가 늘어나고 고객의 목소리가 커지는 디지털 환경에서 강력한 브랜드를 가지고 훌륭한 고객 경험을 제공하는 것의 중요성은 명백하다. 장기적으로 타 브랜드에 비해 확실한 경쟁 우위를 주도하고, 차별화된 고객 경험을 제공하고 있는 기업은 조직의 모든 구성원이 명확하게 이해하고 있는 브랜드 미션을 가지고 있다. 브랜드 비전과 철학에 따라 일관되고 지속적인 커뮤니케이션을 통해 고객에게 의미를 부여하고 있는데, 예를 들어 애플의 '우아하게 단순한 디자인'이라는 브랜드 콘셉트는 아이폰, 아이패드 등 자사 제품의 디자인에서부터 쇼핑을 위해 방문한 매장 내 동선에 이르기까지 고객 경험의 모든 영역에 영향을 미친다. 선도적인 기업은 브랜드와 고객 경험 간의 연결을 공유하고 지속적으로 초점을 맞춘다. 명확한 브랜드 전략을 가진 조직이 고객 경험 전략을 개발하고 구현하는 데 있어 더 유리한 측면을 고려할 때 브랜드에 대한 이해는 고객 중심이 되려는 기업에게 가장 중요한 개념이라 할 수 있다. 이런 배경에서 이 장의 브랜드 개념에 대한 설명을 이해하기 바란다.

04
디지털 브랜드

디지털 브랜드

브랜딩은 결코 예쁜 디자인의 로고와 기발한 태그 라인에 관한 것이 아니다. 목표 청중이 일상적으로 참여하는 다양한 미디어를 통해 브랜드 가치를 성실히 전하는 것이다. 브랜드의 메시지가 고객의 구매 의사 결정 과정 전반에 걸쳐 고객의 관심사와 일치하도록 조정하고, 고객 경험을 심화하는 것을 포함한다. 온라인 비즈니스 방식은 소비자가 원하는 모든 것을 말 그대로 손끝에서 실시간으로 얻을 수 있도록 바뀌었다. 디지털 시대에도 변함없이 모든 비즈니스는 브랜드 전략을 필요로 한다. 디지털 전략을 설계하면서 브랜딩을 후순위로 경시할 경우, 많은 경쟁자 사이에서 제품이나 서비스를 인식, 기억 또는 고려할 확률은 떨어질 것이다. 효과적인 브랜딩은 항상 모든 조직의 장기적인 성과를 나타내는 좋은 지표였다. 그러나 디지털 시대의 브랜딩은 소비자의 접점(touchpoints)이 너무 많다는 점을 고려할 때 다소 벅찬 과제일 수 있지만, 인터넷과 모바일의 디지털 시대는 브랜딩 전략을 더욱 빠르게 발전시키도록 강요하고 있다. 소셜 미디어의 출현, 검색 엔진의 등장 및 기타 다양한 디지털 기술로 소비자 행동의 변화를 요구하는 디지털 시대의 브랜딩은 고객의 관심을 끌고 싶다면 기억에 남는 고객 경험을 만들어야 함을 요구한다. 우선 브랜딩의 개념부터 알아보자. 브랜딩은 무엇인가? 브랜딩은 비즈니스에서 고유한 이름, 디자인, 로고 등을 통해 고객이 특정한 회사나 제품을 식별할 수 있도록 지원하는 가장 효과적이고 성과 지향적인 마케팅 방법 중 하나이다(Dandu, 2015). 적절한 브랜딩 없이는 비즈니스 판매 및 투자 수익을 창출하기가 쉽지 않다. 비즈니스를 브랜드화하는 것의 전제는 고객을 제일 우선가치에 두는 것이다. 비즈니스를 브랜드화하는 전략을 효과적으로 수립한다면, 경쟁이 치열한 오프라인 또는 온라인 시장에서 경쟁업체보다 앞서 나갈 수 있는 상당한 우위를 가져갈 수 있고, 기존 고객과 함께 잠재 고객으로부터 관심과 인기를 빠르게 얻을 수 있다.

디지털 시대의 브랜딩 개념은 본질적 철학이나 가치 차원에서 볼 때, 과거 논 디지털(non-digital) 시대와 크게 다르다고 보기는 어려우나 상황이 크게 변한 것은 사실이다. 대상이 되는 소비자의 욕구, 동기와 같은 본질은 동일하지만, 디지털 시대 소비자의 행동, 즉 조사하고 구매하고 소비하는 방식은 완전히 변하였다는 것이다. 소비자는 정보 처리 및 구매 결정을 위해 디지털 채널을 점점 더 많이 사용하고 있다. 소셜 미디어와 신기술은 브랜드와 소비자 사이에 새로운 디지털 접점을 만들고 있고(Colicev, Malshe, Pauwels, & O'Connor, 2018), 인플루언서 마케팅 및 콘텐츠 마케팅과 같은 새로운 브랜드 전략이 도입되고 있다(Olsen & Peretz, 2011).

보편적 인간의 본성과 변화하는 행동의 차이를 명확히 이해하는 것이 디지털 시대의 브랜딩에서 간과하지 말아야 할 요소이다. 몇 가지 팩트를 살펴보면, 소비자 권력의 성장이다. 소비자는 구매 의사 결정에 많은 권한을 갖게 되고, 구매 전 검토와 조사를 포함한 구매 과정 전반에 걸쳐 기업이 과거에 알지 못했던 통찰력, 새로운 관점을 찾고 있다. 이런 프로세스가 점점 더 많은 디지털 채널로 확산되면서 기업은 고객을 찾는 것이 아니라 고객을 만나야 한다. 소비에 영향을 미치는 권력이 이동하고 있다. 과거 전통적으로 권위를 갖고 있던 기업의 대표(CEO), 대변인 등의 힘은 줄어들고 해당 분야의 전문가, 동료, 해당 회사의 직원 등의 정보가 더 신뢰할 수 있는 것으로 간주되고 있다. 잠재적으로 순식간에 수백만 명의 사람들에게 도달할 수 있는 힘과 목소리를 소비자가 갖게 되었다. 기업은 정보에 대한 독점을 잃고 있고, 기업이 주도하던 기존의 일방향 커뮤니케이션 채널의 신뢰는 떨어지고 있다. 사람들은 블로그, 뉴스, 리뷰 사이트, 소셜 미디어 등 고객-기업의 이분법적 프레임 밖에 있는 3자 정보 출처를 찾고 신뢰한다(Olsen, 2018). 정보 다변화와 신뢰 정보원의 권력 이동은 브랜드의 투명성을 높이도록 요구한다. 온라인의 구매 비중이 커지고 있기는 하지만, 여전히 오프라인의 매출 비중이 적지 않은 상황이고, 구매 결정 과정에서 온라인 조사의 비중이 커지는 혼란한 시기이다.

[그림 4-1] 디지털 브랜딩 참고 이미지

출처: 픽사베이

04 디지털 브랜드

따라서 기업이 분절된 온라인/오프라인 전략으로는 구매 여정 전반에 걸쳐 다양한 채널과 플랫폼을 접촉하는 현대 소비자의 구매 행동을 반영하지 못한다. 디지털 시대가 가져온 혼란스러운 경쟁을 이겨 내는 것은 고정되고 일관성 있는 스토리를 가지고 명확한 방향과 약속을 제시하는 브랜딩이라는 것이다.

디지털 브랜딩의 기대 효과

오늘날 최고의 방식으로 브랜드를 구축하려면, 기본적으로 기존 시장과 온라인 시장에서 다양한 고객에게 경쟁력을 유지해야 하고, 그 근간은 최고 품질의 제품, 서비스를 제공하는 것이다. 또한 적합한 디지털 채널과 플랫폼을 활용하여 더 많은 청중에게 다가감으로써 브랜드 가시성을 향상시키는 노력도 중요하다. 여러 가치 있는 플랫폼을 보유하고 있을 때 효과적인 방식으로 브랜드에 대한 풍부한 인지도를 만드는 것이 더 쉬워지는데, 강력한 브랜드 가치를 통해 기업은 성공을 주도하고 기존 시장과 온라인 시장 모두에서 잠재적인 경쟁자보다 앞서 나갈 수 있다. 성공적인 디지털 브랜딩의 성과는 너무 광범위하여 어떤 범위까지 정량적으로 예측 가능한 수준이라고 전제하기는 어렵지만, 일반적으로 브랜딩의 성과는 인식(recognition), 인지도(awareness), 가시성, 수익 등의 개선으로 나타나고, 성과가 축적되면서 브랜드의 주목도, 신뢰도, 평판을 좋게 만드는 데 유용하다. 더불어 명확한 기준을 갖고 브랜드를 구축하고 소셜 및 디지털 플랫폼 전반에 걸쳐 광범위한 입지를 확보하면 고객의 신뢰를 얻기가 더 쉬워진다(Batra & Keller, 2016). 구체적으로 디지털 시대의 브랜딩은 다음과 같은 기대 효과를 기업이나 브랜드에 제공하기 때문에 중요성이 더 커지고 있다.

첫째, 고객 경험을 강화할 수 있다. 우수한 전략이 없는 전술은 디지털 환경에서도 비즈니스 목표 달성에 실패할 확률을 높인다. 비즈니스 전략은 브랜드가 지향하는 비전을 고객에 대한 약속으로 실행하는 것에서 시작된다. 따라서 마케팅 전략은 모든 디지털 채널에서 고객 경험을 강화하여 약속을 지속적으로 준수하는 데 중점을 두는 것이 일반적이다. 브랜드의 가용한 모든 디지털 접점에서 고객을 참여시키는 것이 잠재 고객을 브랜드 경험으로 유도하는 가장 좋은 방법이다. 특히 디지털 시대의 고객은 디지털이 허용하는 엄청난 양의 정보와 선택권으로 인해 소비의 주도성이 커졌다. 고객이 갖는 충성도와 이탈과 같은 긍정적, 부정적 행위는 고객 경험에 의해 결정된다고 해도 과언이 아니다. 고객이 자신의 기대에 맞는 경험을 찾기 위해 브랜드를 전환하는 일도 쉽게 이루어지고 있는 것이 현실이다. 물론 기업이나 브랜드 역시 인공지능 등의 기술적 편익으로 고객에 대해 더 많이 알게 된 것도 사실인데, 고객 데이터를 활용하여 고객의 움직임을 예측하고 고객 구매 여정을 개선한다. 고객은 기업이 그들의 요구 사항에 대해 귀를 기울이고 관심 갖기를 기대한다. 따라서 매일 참여하는 채널에서 관련 콘텐츠를 제공하는 기업의 활동은 소비자가 브랜드를 모를 경우, 소비자의 마음을 여는 가장 좋은 방법이다.

둘째, 시장 내 경쟁 우위를 높인다. 브랜드는 회사가 제공하는 제품이나 서비스일 뿐만 아니라 회사가 제시하는 약속과 가치라는 말을 들어보았을 것이다. 디지털 채널 전반에 걸쳐 브랜드의 이미지와 감성의 일관성이 매우 중요하지만 무엇보다 브랜드가 지향하는 약속을 고객에게 제공하는 것은 실체적으로 가장 중요하다. 이것이야말로 고객에게 영감을 주고 높은 재방문을 유도하며, 더 높은 가격도 지불할 수 있게 감정적 유대를 형성하기 때문이다. 브랜드 약속은 경쟁 환경에서 결정적인 경쟁력이 될 수 있다. 대단히 철학적인 개념이 아니라 품질, 다양한 선택, 위치, 영감, 심지어는 빠른 배송과 같은 구체적 약속도 여기에 해당한다. 목표 고객에게 브랜드 약속을 이행하는 방법은 모든 접점과 채널을 통해 전달되는데, 사실 브랜드는 기존 고객과 잠재 고객 모두의 인식 속에 있다. 소비자가 갖는 집단적 인상은 기업과 고객을 지속적으로 연대하게 하는 힘으로, 좋은 브랜딩은 제품이나 서비스에 대한 기대치를 안정적으로 인상을 지속하는 것이다. 디지털 브랜딩에 있어 소셜 미디어, 검색 엔진 최적화, 이메일 마케팅 등 다양한 전술은 공고화된 브랜딩이 구축되어 있지 못하면 제대로 작동하기 어렵다. 강력한 브랜드는 항상 시장에서 높은 경쟁 우위를 제공한다.

셋째, 신뢰 증대이다. 사람과의 관계와 마찬가지로 브랜드와의 관계도 신뢰는 매우 중요하다. 고객은 신뢰할 수 있는 대상과의 거래를 원한다. 저렴한 비용으로 제품이나 서비스를 얻고자 하는 욕구도 크지만 신뢰를 더 중요하게 생각하는 것은 데이터로 나타난다. 에델먼(Edelman, 2019)의 보고서에 의하면 소비자가 구매 시 고려하는 가장 중요한 요소 중 하나로 브랜드 신뢰를 지목하였고, 전반적으로 친숙하고 신뢰할 수 있는 브랜드를 구매하는 것 역시 선호하는 것으로 나타났다. 브랜딩 활동이 제품에 대한 보증, 비즈니스 안정성에만 치중하지 않는 것은 신뢰와 같은 감성적 차원이 중요하기 때문인데, 경쟁자와 차별화되는 상대적이고 감성적인 고객 경험을 제공해 친밀도를 높이는 활동이 중요하게 고려되는 이유이다. 브랜드 신뢰는 디지털 브랜딩 시대에 소셜 미디어, 온라인 리뷰 등 디지털 채널을 통해 브랜드와 잠재 고객 간 양방향의 상호작용 증가로 이어지게 한다.

넷째, 가격 인상의 가능성이다. 일반적으로 사업자는 제품이나 서비스의 가격을 합리적으로 책정하게 된다. 시간이 지남에 따라 고객은 제공받는 품질의 제품이나 서비스로 인해 브랜드에 대한 충성도가 생겨나게 된다. 이 충성도는 비지니스의 중대한 견인차가 될 수 있다. 고객의 만족과 충성도는 브랜드에 대한 존경과 권위를 갖게 되는데, 양질의 브랜드로 인식될 경우 제품의 가격이나 서비스 요금을 인상하더라도 이탈하지 않고 구매를 지속하게 될 가능성이 커진다.

05
디지털
브랜딩 방법

디지털 마케팅이 오늘날의 대세라는 데는 이견이 있을 수 없고, 의심할 여지 없이 새로운 디지털 채널은 브랜드가 연결된 소비자와 소통할 수 있는 흥미로운 기회를 열어 주고 있다. 그러나 디지털 채널 선택 및 실행에 너무 많은 시간, 노력 및 에너지를 소비하면 브랜드 전략의 기본을 소홀히 할 위험이 있다. 모든 채널에서 효과적인 마케팅을 유도하고 영감을 주는 강력하고 일관된 전략이 없는 브랜드의 경우 브랜드 전략을 무시하면 시간이 지남에 따라 브랜드 메시지와 경험이 점점 더 많은 채널에서 파편화됨에 따라 브랜드 자산이 희석될 위험이 높아질 수 있다. 디지털 시대의 필수적이며 성공적인 브랜딩을 위한 조건은 어떤 것이 있을까? 많은 지침을 소개하기 앞서 반드시 이해되어야 할 전제가 있다. 강력한 브랜드를 구축하는 것은 더 이상 고객의 비즈니스 노출에 관한 것이 아니다. 직원과 대화하고, 웹사이트를 검색하고, 소셜 미디어 페이지와 상호작용을 하고, 방문하는 등 고객이 브랜드와 경험하고 상호작용을 하는 것이다(Taylor, 2017).

전반적인 브랜드 전략을 수립하거나 평가할 때는 이러한 모든 '접점'을 고려해야 한다. 다시 말해, 더 이상 브랜드가 일방적으로 자신에 대해 말하는 것이 고객에게 중요한 것이 아니라 고객이 경험하는 것이 중요하다. 실시간으로 브랜드 경험을 기록할 수 있는 휴대전화로 무장한 오늘날의 소비자는 좋든 나쁘든 고객 경험을 신속하게 네트워크와 공유하며 브랜드 스토리를 전달하고 있다. 온라인과 소셜 미디어의 높은 구전 효과에 관한 특성으로 인해 브랜드를 구축하거나 망가뜨리는 데 긴 시간이 필요하지 않다는 것이다. 기억에 남는 브랜드 경험을 촉진하는 데 도움이 되는 중요한 포인트를 간단히 살펴보자.

브랜딩의 요소

브랜딩의 요소는, 첫째, 목표 타깃을 아는 것이다. 제품과 서비스에 관심을 가질 사람들의 그룹을 조사하고 그들을 정의, 식별하는 과정이다. 연령, 성별, 거주 위치, 수입, 교육, 관심사

05 디지털 브랜딩 방법

등 제품과 서비스에 연관된 행동과 중요한 특성을 확인한 후 핵심 그룹을 구성하고, 제품과 서비스를 통해 충족하려는 요구와 관련된 핵심신념과 감정을 추출한다. 대체로 모든 소비자는 자신의 욕구가 당연히 충족되기를 원하는데, 충성도가 높은 고객조차 갑자기 경쟁 브랜드로 전환하는 경우도 많다. 이는 그들의 욕구를 경쟁자가 해결하였기 때문에 발생하는 것이다. 따라서 복잡한 목표 청중을 알기 위해서는 면밀한 조사, 분석, 인사이트 추출 등이 필수적이다. 고객을 잘 이해할수록 브랜딩 과정에서 의도하는 메시지가 잘 전달될 가능성이 크고, 브랜드 페르소나, 감각으로 브랜드 경험에 대해 기억함으로써 선순환의 브랜딩 과정이 지속될 수 있다. 충성도 높은 고객은 모든 비즈니스에서 가장 중요한 자산이다.

둘째, 충성도 높은 고객을 만들고 유지하기 위해서는 고유의 가치를 전달해야 한다. 개인 모두가 각자의 가치관을 가지고 있고, 그것이 삶의 방향을 움직이듯 브랜드도 마찬가지이다. 원칙적으로 보면 모든 제품이나 서비스는 세상에 나오기 전, 핵심가치를 정리하고, 그들의 미션을 선언하는 것이 필요하다. 핵심가치는 잠재 고객이 제품, 서비스를 구매해야 하는 주된 이유를 설명하는 것으로 이해해도 무방하다. 소비자의 사랑을 받는 브랜드를 보면 분명한 사명이 있다는 사실을 알게 된다. 실제 기업이 지향하는 수익 증가, 창출의 뒤에는 세상을 보다 더 나은 곳으로 만드는 데 기여하기를 원하는 기업의 사명이

[그림 5-1] 디지털 브랜드의 과정에는 소비자가 중요하다

출처: 픽사베이

있다. 브랜딩을 원한다면 철학, 사명은 꼭 필요한 것이다. 소비를 통해 충족되는 소비자의 욕구가 제품과 서비스가 제공하는 1차적 욕구 외에 기업이 지향하는 철학을 구매하였다는 심리적 욕구도 충족하기를 원하기 때문이다(Lumencandela, 2018).

셋째, 브랜딩이 목표 고객에게 미션과 사명을 전달하는 가치를 약술한 것처럼 소비자의 긍정적인 감정 반응을 유발하기 위해서는 경쟁자들과 차별화되는 포지셔닝(positioning)을 필요로 한다. 포지셔닝은 독창적인 아이디어를 찾고 이미 구축된 시장에서 원활하고 성공적으로 브랜드를 피칭하는 것을 의미한다. 이 프로세스에는 다른 브랜드에서 충족되지 않은 소비자 니즈의 격차를 해소하고 제품과 서비스에 관심이 있을 수 있는 사람들의 틈새를 식별해 내는 작업이 중요하다. 디지털 시대에는 틈새 지향적 제품이나 서비스가 독창적일수록 제품 설명을 구성하는 특정 키워드에 대한 온라인 검색 결과에서 상위에 랭크

05 디지털 브랜딩 방법

될 수 있는 가능성이 높아지기에 더욱 중요하다.

포지셔닝의 과정은 브랜드에서 무엇을 구매하는지, 어떤 요구를 만족하는지, 경쟁업체와는 어떻게 다른 것인지를 명확히 설명할 수 있어야 한다. 브랜드를 독특하게 만드는 무엇인가를 찾아내야 하는데, 대체로 성공적인 브랜드는 모두 광범위한 리서치를 통해 포지셔닝 전략을 가지고 있다(Patel, 2021). 목표 고객과 브랜드 미션, 철학과 더불어 고유의 포지셔닝이 있는 기업에게 빼놓을 수 없는 브랜드 요소는 바로 슬로건이다. 고유한 포지셔닝을 찾았다면 브랜드 가치를 나열하고 소비자의 기억에 남을 수 있는 바로 그 한 문장을 찾는 과정이다. 흔히 슬로건을 영감에서 떠오르는 즉흥적 아이디어라고 생각하는 경우가 있지만 실제로는 제품, 고객과 관련한 데이터 분석 그리고 브랜딩 전략의 틀 안에서 추출되는 체계적이고 프로세스에 기반을 둔 창의적 결과이다(Elsbach & Stigliani, 2018). 세계 최고의 스포츠 브랜드 중 하나인 나이키의 'just do it', 아디다스의 'impossible is nothing', 월마트의 'Save money, Live better' 등의 슬로건이 대표적 예시라고 할 수 있다. 브랜드 슬로건은 실제 그 제품이나 브랜드를 소비하지 않는 사람들조차 기억에 남도록 만들 수 있다면 최상의 결과이고, 고객에게 감정적으로 관통하는 가치를 가져야 한다.

넷째, 브랜드 개성(personality)이다. 기업이 목표 시장을 더 잘 이해할 수 있는 방법은 다양한 유형의 고객을 반영하는 페르소나(persona)를 만드는 것이다. 효과적인 브랜드는 대중과의 커뮤니케이션 과정에서 자신만의 개성을 잘 보여 줘야 하는데, 이상적으로는 목표하는 전체 대상 고객과 유사한 성격을 선택해야 한다. 브랜딩의 아이디어는 사실 사람들이 사랑하고 구매하고 싶도록 인식하는 정체성(identity)을 구축하는 것인데, 개성은 이러한 정체성을 촉진시켜 주는 개념이다. 특히 오늘날 소비자의 구매 선택 이유는 특정한 제품의 품질력과 관련한 속성을 구매하기보다는 아이덴티티를 획득하는 데 더 많이 의존하는 경향이 있다(Lumen, 2017). 특정한 회사의 스마트폰을 구입하는 것은 그 제품의 기기적 장점만을 본 것이 아니라 그 브랜드가 고유하게 가지고 있는 정체성의 일부가 되고 싶어 하는 고객의 심리가 작용한 것이다. 브랜드의 개성을 만드는 것은 가상의 캐릭터를 만드는 것과 비슷하다. 실제로 브랜드 전문가들은 페르소나를 만화의 캐릭터와 같은 형태로 설명하기도 한다. 고객의 연령 그리고 사회적 지위, 외모, 기질, 행동, 의견, 좋아하는 것 등을 망라한 라이프스타일과 같은 세그먼트로 정체성을 전달한다면 브랜드가 더 강력하고 인기를 얻을 수 있다. 브랜드가 사람들에게 전달하고자 하는 분위기를 결정하는 것으로도 설명할 수 있는 일반적인 브랜드 퍼스낼리티 유형에는 신남(exciting), 성실 혹은 진지함(sincerity), 견고함(ruggedness), 유능(competence), 지적임(sophistication) 등이 있고, 복합적인 형태로도 많이 활용되고 있다(Lee & Oh, 2006).

다섯째, 브랜드 스토리이다. 기억에 남는 브랜드 경험을 만드는 가장 좋은 방법은 공감할 수 있는 이야기를 하는 것이다. 고객은 어떤 과학적 설명보다도 흥미진진한 이야기를 더 듣고 싶어 한다. 브랜드 스토리에 고객을 참여시키고 그 끝을 경험하도록 연결한다. 스토리는 일대기와 같이 나열된 전기가 아니라 고유한 개성으로 표시되어 개체의 진화를 설명하는 개념이다. 단순하지만 목표 청중과 정서적으로 연결되어야 한다. 훌륭한 브랜드 스토리는 생각과 행동이 명확하고, 목표 청중과 소통이 가능해야 하며, 대상 고객이 브랜드나 브랜드 메시지를 인식하는 감성적 가치를 만들어야 한다(Costa, 2018). 브랜드 패키징, 메시지, 로고 등 전반적인 브랜딩 요소들은 강력한 브랜드 스토리를 형성하는 역할을 할 수 있다.

여섯째, 브랜딩의 요소 중 가장 마지막에 언급되는 경우가 많지만 가장 중요한 요소는 바로 일관성과 반복이다. 인터넷과 소셜 미디어 등 디지털 환경 이전에는 브랜드의 광고를 위해서는 전통 미디어에 의존할 수밖에 없었다. 하지만 오늘날은 브랜드 입장에서는 다행히도 어디에서나 고객을 만날 수 있는 디지털 시대이다. 잘 기획된 브랜드 전략의 실행은 브랜드의 메시지와 일관성을 유지하고 모든 미디어 채널을 통한 커뮤니케이션을 최대한 꾸준히 반복하는 것이다. 소비자의 심리 기저에는 더 자주 주의를 기울였던 것을 인지하는 경향이 강하다. 하지만 유의해야 할 것은 고객의 인지를 높이려면 커뮤니케이션 자료가 모든 플랫폼에 맞게 매끄럽게 적용될 수 있도록 고려해야 한다는 점이다. 디지털 미디어 각각이 가진 특성을 반영할 경우에도 동일한 브랜딩 요소, 레이아웃 구조 등 사소해 보이는 모든 요소의 일관성을 지속하는 것이 브랜드의 힘을 키우는 요소이다. 앞에서 언급한 브랜드 요소와 커뮤니케이션을 위한 콘텐츠 유형, 종류, 톤앤매너 등은 일관성을 유지해야 효과가 분산되지 않는다. 조직의 규모가 큰 경우라면 사실 브랜딩의 일관성을 유지하기가 쉽지는 않다.

일곱째, 브랜드 매뉴얼을 수립하는 것이다. 잘 기획된 브랜드 전략이 있다면 효과적인 전술이 필요한데, 이 전술을 수행하는 과정에서 전략 방향이 흐트러지지 않도록 하는 것이 필수적이다. 전술을 기획하고 실행하는 회사 내부의 인력, 외부 외주사의 인력 등 참여하는 모든 사람이 커뮤니케이션 요소, 콘텐츠가 일관성을 가지도록 점검하는 지침이 되는 자료이다. 일반적으로 가이드북 형태로 제작되는데, 브랜드 커뮤니케이션에 적절한 혹은 부적절한 요소를 구분하고 중재하는 규칙으로 구성된다. 매뉴얼에 포함되는 내용으로는 브랜드 역사, 가치, 사명 등의 브랜드 정보, 고객에게 제안하는 고유한 브랜드 포지셔닝, 슬로건, 브랜드 로고(특히 로고의 경우는 여러 사용 범위에 따른 변형 예시를 포함), 인쇄나 디지털 미디어에 게시될 색상 팔레트 등이 있다. TV, 라디오, 인쇄물, 브로슈어, 전단지 등 전통 미디어 외에 유튜브, 페이스북 등 디지털 미디어의 활용을 위한 미디어별 상세한 가이드라인도 포함되어야 한다.

디지털 브랜딩의 몇 가지 포인트

앞서도 언급했듯이 디지털 시대에도 브랜딩의 의미, 요소 등의 본질적 개념과 가치는 과거에 비해 크게 달라지지 않았다. 브랜딩의 철학과 요소들에 대한 이해를 근간으로 디지털 시대에 특별히 고려해야 할 몇 가지 포인트를 간단히 언급하려 한다.

첫째, 고객 구매 여정(Consumer Decision Journey: CDJ)에 대한 분석이다. 소비자는 특정 제품이나 서비스를 선택할 때 일련의 단계를 따른다. 이 과정은 고객이 최종 선택을 하는 방법을 브랜드에 알려 주는 구매 결정의 여정이다. 유명 컨설팅 회사인 맥킨지가 개발한 모델인 이 프레임워크는 소비자가 구매 결정을 내리는 방법과 브랜드가 이러한 결정에 영향을 줄 수 있는 방법을 평가한다. 이 모델을 이용하여 고객의 주요 접점(touchpoints)과 상호작용을 평가할 수 있다(Taylor, 2017). 고객 구매 여정은 고객의 충성도를 높이고 지지를 구축하는 데 중점을 둔 순환 프로세스로 제품에 대한 인식부터 충성도 높은 고객이 되기까지 소비자가 따라야 하는 단계를 매핑한다. 고객 구매 여정의 전략적 과정, 그 첫 단계는 소비자 집단과 동기를 식별하는 것이다. 브랜드에 대한 고객의 과거 경험과 최근 행동을 분석하여 접근 방법을 모색할 수 있다. 고객을 이해하는 것은 고객이 필요로 하는 것을 이해하고 고객을 지원하기 위한 출발점이 된다. 고객 구매 여정 분석은 커뮤니케이션 전략 수립의 방향을 결정하는 기본 그 자체로 다음의 효과를 기대할 수 있다. 특정 브랜드가 개선의 여지가 가장 큰 접점을 평가하고 해당 취약점을 해결하는 전략과 메시지를 기획할 수 있도록 한다. 또한 소비자가 구매 여정의 어떤 단계에 있는지를 식별하여 메시지를 개인화할 수 있다. 고객의 구매 여정이 정밀할수록 적시에 관련 메시지를 고객에게 보내는데, 개인화는 고객과 효과적인 커뮤니케이션을 주도하여 맞춤형 경험을 제공하는 데 유용하다. 구매 여정의 정확한 분석은 이외에도 많은 마케팅 수단의 의사 결정에 활용할 수 있다. 예를 들어, 결정적 구매 여정에 있는 소비자의 경우에는 구매를 자극하는 인센티브를, 구매를 유보하며 장바구니에 남겨 둔 소비자에게는 프로모션을 지원하여 성과를 높일 수 있다. 그리고 마케팅 채널의 선택에도 유용하다. 고객의 미디어 이용 데이터를 기반으로 효율적인 채널에 투자하여 마케팅 자원을 사용하는 데에도 중요한 기반이 된다.

둘째, 보유 미디어(owned media)를 정비하는 것이다. 트리플 미디어의 개념으로 페이드 미디어, 보유 미디어, 언드 미디어의 개념은 보편화되고 있다. 많은 전문가가 가치 측면에서 고객의 자발적 확산에 해당하는 언드 미디어를 가장 높은 순위에 두는 경우가 많다. 물론 사용자의 의지에 따른 확산이며 기관의 메시지가 아닌 개인의 메시지로서 3자 효과를 얻는 것은 분명하지만, 브랜드 관점에서 보자면 보유 미디어의 관리가 매우 중요하다는 견해 또한 점점 힘을 얻고 있다. 대표적인 보유 미디어로 홈페이지가 있다. 디지털 시대에 웹사이트는 모든 브랜드의 얼굴과 같은 역할을 할 정도로 중요성이 커지고 있다. 고객 구매 여정에서도 설명한 것처럼 브랜드 정보를 검색하는 사람이라면 누구나 가장 먼저 하는 일은 공식 웹사이트를 방문하는 것이다. 웹사이트가 초라하고 흥미롭지 않으면 방문자의 재방문율은 현저히 떨어질 것이다. 디지털 시대에는 미학적으로 훌륭하고 매력적인 디자인을 가지고 있다면 방문자를 브랜드 사이트로 유입하는 데 도움이 되지만, 기능적 요소가 부족하면 이도 소용이 없다. 웹사이트는 탐색하기 쉽고 이해하기 쉬우며 고품질이어야 한다. 그리고 사용자의 체류시간에 영향을 미치는 중요한 요소는 로딩 속도와 직관적 탐색 역량이다. 속도가 느려 페이지를 전환하는데 다른 페이지에 비해 오래 걸리거나 탐색의 경험이 명확하지 않은 경우, 혹은 구매 가능한 사이트인데 결제로 이어지는 과정이 매끄럽지 못한 경우 방문자의 이탈률은 높아진다(Patel, 2021). 그런 의미에서 보유 미디어인 홈페이지는 디지털 브랜드 구축의 필수적인 부분이다. 웹사이트는 브랜드 매뉴얼에 따른 디자인 가이드를 적용한 테마로 구성하고, 정확한 색상, 글꼴 등의 미학적 측면과 함께 웹사이트 방문자에게 가치를 제공하는 독창적이고 매력적인 콘텐츠가 있어야 한다. 그리고 브랜드가 지향하는 사용자 행동을 유도할 수 있는, 기술적으로 건전하고 정확한 클릭 유도 문안(Call to Action: CTA)이 효율적인 웹사이트를 만드는 데 기여할 것이다(Patel, 2021). 사용자 친화적인 웹사이트를 구축하고 난 뒤에는 사이트 콘텐츠가 검색 엔진에서 효과적으로 검색되는지 확인하여야 한다. 물론 그 결과에 따라 페이지에 태그를 지정하는 등 검색 엔진 최적화 작업이 필요하다.

검색 엔진 최적화(Search Engine Optimization: SEO)는 브랜드가 검색 엔진에서 찾아지도록 하는 기술적 프로세스이다. 검색 엔진 최적화는 검색 엔진 사용자에게 브랜드 웹사이트가 보여

[그림 5-2] 웹사이트는 개인 맞춤형이 될 수 있으면 최상이나 최대한 최적화가 필요하다

출처: 픽사베이

05 디지털 브랜딩 방법

지는 기회를 높여서 사이트의 유입 트래픽량을 늘리고 품질을 높이는 데 도움을 준다(Michigan Tech, 2016). 특히 브랜드 인지도가 낮은 경우라면 검색 엔진 최적화의 힘을 무시할 수 없다. 일반적인 최적화 과정을 소개하면 탐색 구조가 분명하고 반응형 사이트가 되도록 해야 한다. 검색 엔진이 웹 페이지의 내용을 더 잘 이해할 수 있도록 모든 페이지에 적절한 메타 태그를 추가하고, 중요한 페이지에 대한 내외부 링크를 사용하는 것이 좋다. 페이지를 로드하는데 3초 이상 걸리는 웹사이트 방문자의 40%는 페이지를 떠나고 80%는 다시는 돌아오지 않는다고 한다(Kirkpatrick, 2016). 사이트의 속도를 떨어뜨리는 모든 불필요한 요소를 제거해야 하는 것도 매우 중요하다.

셋째, 디지털 시대의 브랜딩에 콘텐츠 마케팅을 빼놓을 수 없다. 콘텐츠 마케팅의 개념은 인터넷이 존재하기 훨씬 전부터 존재해 왔다. 그것은 모두 스토리텔링에 관한 것인데 인간이 말을 할 수 있을 때부터 모든 것은 이야기와 관련되어 있기 때문이다. 디지털 미디어인 블로그, 페이스북, 트위터, 유튜브, 인스타그램 등 사용자가 증가하는 플랫폼에서 콘텐츠 마케팅의 중요성은 굳이 설명할 필요가 없을 것이다. 콘텐츠 마케팅은 브랜드 또는 제품의 초기 인지 과정에서부터 비교 쇼핑과 같은 세부적인 고려 시점, 최종 전환(예: 구매)에 이르는 고객 구매 여정의 모든 단계에서 이점을 제공한다(Court et al., 2009). 기사나 블로그 게시물을 통해 비즈니스에 대해 배우는 것을 선호한다는 점을 감안할 때 모든 브랜드 관리자는 일관되고 고품질의 콘텐츠로 디지털 브랜딩을 강화하고 개선해야 한다. 과거에는 마케팅이 투여되는 예산의 규모로 승부가 결정되었다면, 디지털 시대는 규모에서 다소 약한 기업의 경우에도 콘텐츠 마케팅을 통해 대기업과 대등한 수준의 경쟁을 모색할 수 있다. 소위 잘나가는 브랜드조차도 새롭게 떠오르는 소규모 경쟁 브랜드를 두려워하는 이유이다. 브랜드 개성을 보여 주는 콘텐츠를 만들고, 청중이 브랜드 메시지를 기억할 수 있도록 콘텐츠에 스토리텔링을 추가하는 것이 바람직하다. 콘텐츠 마케팅은 핵심 목표와 수준을 정의한 후에 이를 달성할 가능성이 가장 높은 채널을 대상으로 실시한다. 설문조사를 수행하고 청중이 보고 싶어 하는 콘텐츠 유형을 사전에 식별하여 효과를 배가하는 것이 좋다. 모든 콘텐츠는 세분화된 청중의 문제를 대상으로 하여 관련성을 높이고, 브랜드의 고유한 권위와 신뢰할 수 있는 정보로 청중에게 가치를 제공해야 한다. 요약하자면, 콘텐츠 마케팅은 기업이 브랜드 인지도를 향상시켜 눈에 띄고, 신뢰를 구축하고, 브랜드에 대한 관심을 자극하여 제품과 메시지에 대해 소비자를 흥분시키는 방법이다(Court et al., 2009).

넷째, 디지털 시대 브랜딩의 중요한 기둥 중 하나인 모니터링이다. 온라인에 게시되는 모든 리뷰는 기존 고객의 이탈을 방지하고 신규 고객을 유치하는 데 잠재적인 영향을 미친다. 전문가들은 소비자에게 제품이나 서비스를 구매하도록 설득

05 디지털 브랜딩 방법

하는 영향력 관점에서 전통 미디어 광고보다 더 크다고 설명하기도 한다. 소비자는 구매할 가치가 있는지 결정하기 위해 제품을 사용해 본 사람들로부터 증거를 수집하려 한다. 한두 개의 리뷰가 전체 소비자의 의견을 대표하지 않을 수 있지만 때로는 파괴력이 큰 부정적 효과가 있다는 사실을 부인하기 어렵다. 소비자를 상대하는 브랜드의 입장에서는 자신과 관련된 디지털 여론을 수집하고 분석하는 데 시간과 자원을 투여해야 한다. 흔히 이에 대해 소비를 감시하는 것이라고 부정적으로 생각하는 잘못된 인식이 있다. 그리고 부정적인 피드백을 피하기 위해 사용자를 선별하거나 방어적으로 대응하는 것이라는 인식 또한 잘못된 것이다. 고객의 의견에 감사하고 이 의견을 긍

[그림 5-3] 여론을 살펴보는 것은 매우 중요하다
출처: 구글 이미지

정적으로 수용해야 한다. 부정적 리뷰가 많아진다는 것은 평판 관리에 적신호가 왔다는 것이고, 심각한 경우 브랜드를 변경해야 할 수도 있다. 디지털 시대에 기업은 온라인 리뷰를 통해 고객의 생각을 실시간으로 파악할 수 있다. 잘못된 메시지를 전달함으로써 생기는 커뮤니케이션의 실패를 미연에 방지하고 브랜드 관리를 더욱 공고히 할 수 있는 모니터링은 고객의 의견이 더욱 힘을 얻는 현시점에서 그 중요성은 점점 커질 것이다.

디지털 환경에 맞는 고객 경험을 높이고 브랜딩을 위한 노력을 꾸준히 전개하고 있는 기업 레드불(Red bull), 비영리단체인 라이프처치(Life Church)의 사례를 통해 디지털 브랜딩의 설명을 보완하려 한다. 두 기관은 디지털 전환의 시대 흐름을 주도적으로 이끌고 있어, 디지털 고객 경험과 브랜딩의 효과를 이해하는 데 도움이 되리라 생각한다.

사람과 아이디어에 날개를 달다! 레드불

1980년대 태국을 방문한 오스트리아인 디트리히 마테시츠

(Dietrich Mateschitz)는 레드불 에너지 음료를 개발, 태국 기업인과 공동으로 레드불 유한회사(Red Bull Gmbh)를 설립하였다. 음료의 맛을 개선하고, 특히 강력한 마케팅 콘셉트로 시장에서 열심히 노력한 지 3년 만에 알려지지 않은 제품이 처음에는 오스트리아에서, 그다음에는 유럽에서, 10년 후 미국에서 성공을 거둔 브랜드가 되었다. 2019년 기준 24.9%의 시장점유율을 기록하며 미국 내 대표적인 에너지 음료 브랜드로 자리 잡았고, 2019년 전 세계에서 75억 캔이 팔리는 에너지 음료 분야 세계 대표 브랜드 중 하나이다(Kong, 2020). 레드불은 게릴라 마케팅, 스포츠 후원, 독특한 콘텐츠 마케팅으로 마케팅과 브랜드 역사에 많은 이정표를 세웠고, 많은 기업의 벤치마킹 대상이 되고 있다.

브랜딩의 주요 요소를 앞 절에서 간략히 설명했는데, 레드불의 브랜드 철학을 살펴보자. 레드불은 '사람과 아이디어에 날개를 달다(Giving wings to people and ideas)'라는 브랜드 미션을 가지고 있다. 그들의 비전도 살펴볼 만하다. '매우 효율적이고 수익성 있는 방식으로 우수한 고객 서비스를 제공할 때 에너지 음료 부문에서 리더십 위치를 유지하면서 레드불만의 표준을 유지하기 위해 최선을 다하고 있다. 우리는 직원들이 모범 사례를 공유하고 선택한 고용주로서 조직을 코칭하고 발전시키는 데 전념하는 문화를 만든다.' 레드불의 가치(value)는 '고객(people)/아이디어(ideas)/문화(culture)'의 세 가지를 두고 있다

(레드불 홈페이지). 과연 그들의 미션, 비전과 가치는 어떤 브랜딩 활동으로 연결되었는지 살펴보자. 레드불은 출시부터 브랜드 개발에 이르기까지의 과정을 장기적으로 준비하였다고 한다. 마케팅 전략을 다듬는 데 3년의 시간을 보낸 것으로 알려져 있는데, 일반적 기업들의 급속한 확장과 대조적으로 미국에 진출하였을 당시에도 이미 유럽에서 10년 동안의 성공을 맛본 이후였다.

　레드불은 보통의 기업들이 광고를 중심으로 하는 마케팅 활동을 당연한 것으로 인식하던 시대에도 저비용의 혁신적 마케팅을 추구, 브랜드와 프로모션에 더 많은 자원을 투여한 매스미디어 마케팅 시대의 창조적 모델을 제시하였다(Bergstrom, 2017). 레드불의 브랜드 전략을 이해하기 위해 레드불의 포지셔닝과 목표 청중을 살펴볼 필요가 있다. 레드불의 목표 청중은 모험적인 삶을 살고 있거나 그것을 지향하는 젊은 도시 남성으로 식별하는데, 이들은 익스트림 스포츠와 도전적인 취미 활동에 관심이 크다. 앞서 소개한 '날개를 달다'라는 가치 제안의 반복을 통해 일관성을 유지하면서 레드불이 목표 청중에 알리고자 하는 인지, 신체 성능의 끌어올림을 위한 노력을 선보였다. 목표 청중이 잘 알고 선호가 높은 대회 조직과 스포츠 팀의 후원, 인수 등 독점적인 익스트림 스포츠 프로모션을 통해 브랜드 인지도를 높였다. 동시에 레드불은 기획한 여러 가지의 독창적인 프로모션을 통해 일관되고 명확하며 지속적으로 목

[그림 6-1] 검색 엔진에서 레드불을 검색하면 홈페이지 아래
브랜드 미션을 커뮤니케이션 하고 있다

출처: 구글 이미지

표 청중과의 소통을 추구하였는데, 레드불의 뛰어난 성공에 기여한 획기적 수단들이다. 수많은 기사나 자료를 통해 소개된 이 기업의 브랜딩 활동을 구체적으로 살펴보자.

우주 점프로부터 시작된 브랜드 스토리

독자 여러분의 머릿속에 각인되어 있는 인생 콘텐츠가 누구나 한 개쯤은 있을 것으로 생각한다. 2012년 미국 뉴멕시코의 지상으로부터 39킬로미터 상공에서 오스트리아의 스카이다이버 펠릭스 바움가르트너(Felix Baumgartner)가 낙하 시그널에 맞춰 거수 경례를 하고 지구를 향해 뛰어내렸다. 비행체가 아닌 인간이 음속을 넘어 마하 1.25의 속도에 도달하였다. 공중에서 중심을 잡자 관제센터는 성공을 예감하는 환호성을 질렀고, 낙하산을 펴 지상에 안전하게 도착한 그는 세계 최고의 자유낙하 기록을 갈아 치웠다. 일요일에 펼쳐진 레드불 스트라토스(Red Bull Stratos)라는 이름의 이 프로젝트는 지구상의 미디어를 지배하였다. 전 세계 수백만 명의 사람들이 인간 역사상 가장 위대하였던 스카이다이빙을 지켜보았다(레드불 홈페이지). 레드불은 50개국 280개의 디지털 파트너와 페이스북, 트위터, 인스타그램, 구글+, 유튜브, 자체 웹사이트, 80개의 텔레비전 방송국을 통해 생중계하였다. 유튜브는 800만 개 이상의 동시 생중계가 있었다고 보도하였고, 채널 조회 수가 3억 5천만 건, 인스타그램에 2만여 장의 사진, 페이스북은 100만 건 이상의 좋아요, 82만 건의 긍정적 반응 등의 놀라운 결과를 가져왔다(Socialsupermanager, 2020).

레드불 스트라토스의 홍보적 성공은 단순히 지표만으로 설명할 수 없는 의미가 있다. 미국 캠페인 사이트의 트렌드 에디터 니콜라 켐프(Nicola Kemp, 2012)는 레드불의 이 프로젝트에 대해 몇 가지 의미를 설명한다. 여전히 기업이 투자대비손익(Return On Investment: ROI)에 몰두하고 있는 상황에서 고객의 감정적 영향을 건드리는 접근의 위대함을 강조하였다. 우주 탐사는 모험에 대한 열망, 인간이 발전시켜 온 과학에 대한 믿음과 같은 고귀함의 가치 영역인데, 스트라토스를 지켜본 소비자에게 '나는 그 시대에 이 장면을 목격했다'는 감정을 심었고, 언론과 디지털 미디어의 조회 수 수준에 머무르는 마케팅적 해석에서 벗어나 소비자와 이야기할 수 있는 권리를 가져갔다는 점을 지적한다. 그리고 다른 마케터들에게는 따라잡기 불가능한 벤치마킹 사례를 만들었다고 평가하고, 브랜드 관점에서 '브랜드 가치보다 행동을 우선'하는 모범 사례였다고 설명한다(Kemp, 2012).

디지털 시대의 브랜딩은 과거의 단순한 브랜드 가치와 이미지에 집착하는 것만으로 충분하지 않고 소비자는 그 가치를 증명해 줄 것을 요구하고 있다. 글로벌 디지털 대행사인 글루 아이소바(Glue Isobar)의 퍼트리샤 맥도널드(Patricia McDonald)가 "참여의 시대에 브랜드는 근본적인 변화에 직면해 있다."는 지

[그림 6-2] 스트라토스 프로젝트-지구를 향해 뛰어내리는 펠릭스 바움가르트너

출처: 레드불 홈페이지

06 디지털 시대를 이끄는 브랜딩 사례

적과 같은 맥락처럼 브랜드는 소비자를 위해 무엇을 하는지 스스로 답하는 것의 실례를 보여 주었다는 평가인 셈이다(Kemp, 2012). 레드불은 스트라토스 프로젝트로 익스트림 마케팅이라는 영역을 창조하였다고 평가받는데, 그 후 몇 년 동안 레드불은 에너지 음료에 머무르지 않는 그 이상의 존재가 되었고 사람들의 일상생활에 깊이 침투하였다. 브랜드 미션 '사람과 아이디어에 날개를 달다'는 높은 성과를 요구하는 모든 활동의 동의어가 되었다.

펠릭스 바움가르트너의 주목받는 스트라토스 우주 점프 이후, 레드불은 축구, 레이싱, 스케이트보드, 스노우보드, 서핑, MTB, 아이스하키, 에어 레이스, 자동차 경주 등의 스포츠 및 익스트림 스포츠의 많은 스폰서가 되었다. 레드불의 황소 브랜드 로고는 항상 익스트림 스포츠의 가장 결정적 순간을 함께 하였다.

브랜드 경험을 높이고 고객과 접점을 늘리는 디지털 프로모션

레드불을 세계에서 가장 인지도가 높은 브랜드 중 하나로 만든 브랜딩의 디테일을 살펴보자. 스트라토스 프로젝트 이후 레드불의 브랜드 이미지는 '인간의 도전'과 더불어 '새로운 혁신'

의 이미지도 함께 만들게 되는데, 사실 이전부터 레드불은 브랜딩의 검증된 방식, 즉 광고(매스미디어 및 디지털을 포함한), 미디어, 샘플링 등에 의존하기보다는 목표 소비자에게 새로운 것과 친숙한 것을 결합하는 혁신을 추구해 왔다. 심지어 그들의 공식 미디어를 보면 음료라는 단어를 찾아보기 어렵다. 대신 어디에서나 그들의 로고는 항상 존재한다.

　레드불 브랜드가 갖는 저력의 한 축은 소비자와 함께 만들어가는 콘텐츠에 있다. 디지털 시대에 콘텐츠가 평판과 인지도를 구축하거나 유지하려는 브랜드에 중요하다는 것은 별도의 설명이 필요하지 않을 것이다. 레드불은 미디어 회사를 가지고 있고, 소비자에게 채널을 위한 콘텐츠를 만들어 영감을 주는 데 있어서 타의 추종을 불허한다. 사용자가 자발적으로 제작하는 콘텐츠는 디지털 브랜딩에서 필수적인데, 이러한 유형의 콘텐츠는 진정성이 있고 마케팅 비용이 들지 않고 인플루언서 등 인위적인 마케팅의 영향을 받지 않았다는 사실 때문에 소비자들 사이에 신뢰를 높일 수 있다. 레드불은 스포츠, 야외 활동, 흥겨운 생활방식을 중심으로 콘텐츠를 제작하여 소비자를 끊임없이 확장시켜 팬들이 레드불의 콘텐츠를 소셜 미디어 채널에서 공유하게 만들고 있다. 보유 미디어의 온라인 스트리밍과 소셜 미디어 채널에서 자신의 모험과 기술을 공유하고 있는 사람들을 더 유입시키는 원동력이 되고 있다. 레드불이 만드는 콘텐츠 혹은 캠페인을 몇 가지 살펴보자.

기업이 브랜드 이미지를 높이기 위해 대학생을 위한 다양한 프로모션을 기획하는 경우를 흔히 볼 수 있다. 학생들이 평소 갖지 못하는 기회를 제공하는 후원 형태의 프로그램들은 진행 과정 속에서 기업이나 브랜드에 대한 충성도를 높이는 목적으로 수행되는 경우가 많다. 우리나라도 대기업을 중심으로 대학생들에게 해외 체험을 제공하는 프로그램이 오랫동안 운영되고 있고 학생들은 좋은 기회를 잡기 위한 경쟁이 치열하다. 디지털 시대에 과연 레드불의 프로모션은 어떻게 다른 기업과 차별화되고 있을까? 설명을 위해 국내 기업의 사례와 비교해 보자. 독자 여러분이 오해하지 말 것은 고유한 목적으로 기획되는 프로모션은 기업의 상황과 전략에 따른 특별한 판단이기 때문에 어떤 프로모션이 더 우월한지를 판정하기 위함이 아니다. 사례를 읽게 되는 독자 한 명 한 명이 갖는 브랜딩의 관점에서 해석할 수 있도록 참고하기 위함이라는 사실을 미리 당부한다.

레드불의 대학생 프로그램 '캔 유 메이크 잇(Can You Make It?)'은 참가자 3인이 팀을 이루어 유럽의 다섯 군데 출발 지점 중 한 곳에서 출발하여 최종 목적지에 도착하기까지 자신만의 여행 경로를 스스로 계획하고 여정을 떠나는 프로젝트이다. 유럽 곳곳에 마련된 체크포인트 지점 중 최소 여섯 곳을 거쳐 목적지에 도착하게 되는데, 돈을 벌거나 타인에게 받는 것은 물론 돈을 사용해서는 안 된다. 공식적으로 제공된 장비를 제외하고 개인 휴대전화 등의 장비나 신용카드 또한 사용할 수 없다. 동시에 출발하게 되는 모든 팀은 24개의 레드불 캔을 화폐로 사용하여 목적지에 도착하는 일주일 동안 교통, 식사, 숙박 등 문제를 해결해야 한다. 참가 대상은 모두 만 18세 이상의 대학생이며 영어를 구사할 수 있어야 한다. 모든 참가자는 인스타그램 계정을 가지고 있어야 하고, 1분 분량의 영상을 제작하여 한 국가 내 여러 참여 팀 중에서 왜 자신의 팀이 국가를 대표하는 팀이 되어야 하는지를 설명한다. 양식은 없지만 인스타그램, 유튜브 등의 플랫폼에 업로드하여 많은 투표를 받은 팀이 심사를 통해 선발된다. 레드불은 참가자들에게 창의력, 모험심, 개성을 발휘하여 영상을 만들기를 추천한다. 최우수 팀을 가리는 득점은 체크포인트 과제 성공 여부, 여정 중에서 획득

[그림 6-3] 대학생 프로모션 '캔 유 메이크 잇(Can You Make It?)',
유럽에서 출발하는 대학생들

출처: 레드불 홈페이지

　　　　　06 디지털 시대를 이끄는 브랜딩 사례

하는 소셜 미디어 점수, 어드벤처 리스트 과제의 성공 등으로 판가름 나는데, 공식적으로 제공된 장비만을 사용하여 도전 중에 촬영한 사진, 비디오 등의 콘텐츠를 업로드하는 동기부여가 된다. 참가자들이 SNS에 포스팅한 콘텐츠들은 서포터들의 좋아요, 공유와 같은 반응에 따라 가산점이 부여된다(레드불 홈페이지).

국내 기업의 대학생 프로그램을 소개한다. 1995년부터 시작된 'LG글로벌챌린저'는 국내에서 가장 오랜 전통을 가지고 있는 대학생 해외 탐방 프로그램이다(LG글로벌챌린저 홈페이지). 대학생들이 직접 탐방 활동의 주제와 국가를 선정하여 보다 넓은 세상에서 새로운 가치를 창조할 수 있도록 돕는 기업의 사회공헌의 성격을 가지고 있다. 이 프로그램의 모집 요강과 내용을 살펴보자. 전국 4년제 대학의 재학생이며, 동일 학교 4명으로 팀을 구성, 주제 선정에 제한은 없지만 구체적이고 체계적인 탐방, 연구활동을 통해 미래의 비전을 제시할 수 있어야 한다. 탐방 대상은 세계 각국의 연구소, 기업, 대학, 정부기관, 지방자치단체 등 자율적이며, 13박 14일 이내의 탐방 기간이 제공된다. 선발 과정은 탐방계획서 1차 서류 심사와 2차 면접 심사의 두 단계로 나뉘며, 탐방계획서는 20매 이내의 가로 문서 형태 PDF 파일로 제출하도록 하며 지도교수의 탐방계획 지도확인서가 필수적으로 유첨되어야 한다. 선발 기준은 주제의 참신성, 유용성, 탐방의 필요성과 문제점 파악, 그리고 탐방 목적지 선정과 탐방 일정의 적절성 등과 함께 전체 탐방계획의 논리성을 포함한 구성원의 적극성과 성실성을 살펴본다고 공고되어 있다. 1차 서류 심사를 통과하면 2차 면접 심사를 위해 탐방계획서 요약본, 팀원 사진 10매, 예산 내역서 등을 제출하도록 한다(LG글로벌챌린저 홈페이지).

두 회사의 프로그램은 대학생을 목표 청중으로 하는 것, 참여를 이끌어 내어 참여자를 선정하는 것에서 공통점이 있고, 레드불은 모험, LG글로벌챌린저는 연구를 위한 탐방이라는 차이점이 있다. 앞서 언급한 바와 같이 두 프로그램의 우열을 가리기 위함이 아니라 디지털 시대의 브랜딩 차원에서 비교, 설명하고자 한다.

첫째, 디지털 브랜딩의 가장 큰 가치 중 하나인 개방성이라고 할 수 있다. 레드불의 캔 유 메이크 잇은 예선을 치르는 국가 내 대표팀을 선정하는 과정에 참가자들이 스스로 제작한 영상이 SNS에 공개되며, 잠재적 경쟁자들의 투표가 영향을 미친다. 프로젝트가 진행되는 동안에도 참가자들의 영상에 대한 일반인들의 반응이 추가 점수 획득에 중요한 요소인만큼 선발과 프로젝트 진행 과정이 개방되어 있다. 반면 LG글로벌챌린저의 경우 (정확한 심사 과정이 소개되어 있지 않아) 추정해 보면 탐방계획서에 대한 심사위원회가 서류 및 면접 심사를 하는 것으로 보인다. 참여자들의 탐방계획서에 대한 접근은 원천적으로 폐쇄형이며, 프로젝트의 결과물인 결과보고서에 대한 심사도 결국 제한된 인원의 심사위원에 의해 결정되는 것은 레드불의 개방성과 상당히 비교되는 부분이다.

둘째, 브랜딩에 직접적 요소인 콘텐츠와 미디어 활용의 차이이다. 레드불의 캔 유 메이크 잇은 선발 과정, 프로젝트 기간 내 활동 과정이 레드불의 자체 보유 미디어와 소셜 미디어 계정을 통해 생산, 공유되고 일반인 이용자들의 공유 확산으로 더욱 위력을 발휘한다. 참가한 도전자들의 모험은 비슷한 연령대 소비자들의 입맛에 맞는 콘텐츠이자 자발적 공유가 일어날 가능성이 높은 반면, LG그룹의 탐방은 그들만의 활동으로 그칠 가능성이 매우 크다. 물론 LG글로벌챌린저 홈페이지에 대원들의 탐방을 생중계하고 있지만 이미 그들만의 활동이 되어 버린 콘텐츠에 대한 매력을 느낄 수 있는지 의문이다.

셋째, 브랜드 콘셉트와의 적합성에 관한 이슈이다. 레드불은 캔 유 메이크 잇 프로그램이 시합이 아니라 최고의 순간들을 친구들과 공유하는 일생일대의 모험이라고 소개한다. 앞서 레드불의 브랜드 가치에 대해 설명한 것처럼 브랜드 철학인 모험과 도전의 콘셉트를 대학생들의 프로젝트에 투영시킴으로써 브랜드와의 연관성을 높이고 있다. 하지만 LG글로벌챌린저는 기업의 브랜드 철학과의 연결점을 찾기가 쉽지 않다. 물론 홈페이지에 소개된 것처럼 사회공헌적 성격이라고 하지만 이미 기업의 사회공헌 사업도 CSV의 개념처럼 가치를 창출하는 것을 목적으로 한다는 점에서 브랜드와의 연결점은 취약해 보이는 것이 사실이다.

넷째, 잠재 소비자에 미칠 파급효과이다. 앞서 지적하였듯이 참가자를 제외한 일반 소비자의 양방향적 참여를 이끌어 내는 장치의 차이가 두 프로젝트에서 엄연히 존재한다. 콘텐츠의 흥미성이 결정적 역할을 하기도 하지만, 프로젝트의 설계 과정에 비참여자의 개입 가능성과 인센티브가 존재하는지에 따라 참여자에 한정된 프로모션인지, 무수히 많은 확산이 가능한 프로모션인지가 구분되는 것인데 두 프로젝트가 이 차이를 나타낸다고 할 수 있다.

사실 레드불의 브랜딩 활동에서 현저한 독창적 이벤트 프로모션은 글로벌 시장 전체를 타기팅하여 많은 국가의 참여자를 이끌어 내는 고도의 마케팅 전략과 노하우가 숨어 있다. 또 다른 레드불의 프로모션 '페이퍼 윙스(Paper Wings)'를 살펴보자. 2006년에 시작된 종이비행기 날리기 대회로 매 3년마다 개최되었다. 대회는 멀리 날리기(Longest Distance), 오래 날리기(Longest Airtime), 곡예 비행(Aerobatics)의 세 종목으로 진행되며, 세계 기록 갱신을 위해 비행기의 규격과 규칙 등은 모두 기네스북 조건에 맞춰 진행되는 것이 특징이다. 2019년 마지막 대회에는 58개국의 176명이 최종 결승에 참여하였고 예선을 포함한 참가자는 52,000명에 달했다고 한다(레드불 홈페이지). 페이퍼 윙스는 레드불의 브랜드 미션의 키워드인 '날개(wings)'를 이벤트 이름에 포함하는 것부터 지향점을 분명히 하고 있

06 디지털 시대를 이끄는 브랜딩 사례

[그림 6-4] 페이퍼 윙스 경기장 모습

출처: 레드불 홈페이지

[그림 6-5] 경기장에서 종이비행기를 날리는 도전자의 모습

출처: 레드불 홈페이지

브랜드 경험을 높이고 고객과 접점을 늘리는 디지털 프로모션

[그림 6-6] 페이퍼 윙스에 참가한 여러 국가의 참가자들의 모습

출처: 레드불 홈페이지

다. 종이비행기라는 원초적인 놀이에 레드불의 브랜드 콘셉트를 부여해 누가 멀리, 오래 날리는지에 대한 모험과 한계를 극복해 가는 스토리를 부여하고, 유쾌하고 창의적인 근사한 경기장에서 전 세계 수십 개국의 사람들이 자국의 국기를 흔들며 환호하는 모습은 전 세계에 음료를 판매하는 글로벌 브랜드의 위상을 멋지게 보여 준다. 프로모션 과정의 다양한 콘텐츠는 참가자는 물론 새로운 콘텐츠에 목말라하는 사람들에게도 독특한 경험을 제공한다. 독특한 경험은 브랜드에 대한 인상을 강렬히 남기고 새로운 소비자를 확보하는 강력한 효과를 나타내고 있다.

'플러그태그(Flugtag)' 역시 디지털 브랜딩의 우수한 사례로 평가받고 있다. 독일어로 '비행하는 날'이라는 뜻이고, 영어로는 'Flight Day'로 번역이 가능하다. 강이나 호수 등 수면 위 9미터 높이의 갑판에서 보호장구 없이 직접 만든 비행 도구를 타고 뛰어내리는 대회이다. 1992년 비엔나에서 처음으로 열린 이후 35개 이상의 도시에서 매년 개최될 정도로 성공적 프로모션으로 자리 잡았다. 매년 여러 도시에서 개최되며, 이벤트당 30만 명이 넘는 방문객을 끌어들인다(레드불 홈페이지). 누구나 이 대회에 참가할 수 있고 주최측이 정한 사이즈 기준에 맞추되 가라앉지 않고 완전히 환경친화적인 재료로 제작되어야 한

[그림 6-7] 두루마리 휴지 모양의 도약대와 비행체를 만들어
플러그태그에 도전한 참가자

출처: 레드불 홈페이지

[그림 6-8] 이색적인 모양의 비행체를 만들어 플러그태그에 도전한 참가자

출처: 레드불 홈페이지

[그림 6-9] 도약대에서 비행체를 등에 지고 점프를 시도하는 플러그태그 도전자

출처: 레드불 홈페이지

06 디지털 시대를 이끄는 브랜딩 사례

다. 콘테스트인만큼 평가도 이루어지는데, 비행한 거리와 더불어 비행 도구의 창의성, 참가자들의 쇼맨십 등이 기준으로 제시된다. 2012년 스트라토스 캠페인으로 레드불은 전 세계에 엄청난 사례를 선보였지만, 실은 1990년부터 준비된 플러그 태그는 레드불 핵심 철학의 기초를 마련한 것으로 평가받는다 (Rogers, 2014). 다른 기성의 만들어진 이벤트에 브랜드의 공간을 빌리는 (이를테면 올림픽이나 월드컵 같은) 기존의 마케팅에서 벗어나 스스로 브랜딩을 위한 독자적 이벤트를 기획한 레드불은 그 이후 기존의 전통적인 마케팅 시각으로는 설명하기 어려운 놀라운 회사가 되었다.

전 세계 공통의 혹은 국가의 특성에 맞게 개최되는 레드불의 브랜딩 사례는 무수히 많아 나열하기 힘들 정도이다. 많은 기업의 벤치마킹 대상이 되는 레드불 브랜드 프로모션의 핵심은 기업 철학이 콘텐츠를 지배하고 있다는 것이다. 브랜드 미션 '사람과 아이디어에 날개를 달다'는 타깃 집단 외에도 연령, 성, 인종을 넘어 모든 사람을 자극하는 보편적인 메시지가 된다. 스포츠, 음악, 학문 등 어떤 분야든 우리는 도전과 성취를 꿈꾼다. 레드불은 자유와 꿈을 팔고 사람들에게 원하는 것을 제공한다. 브레이크댄싱 챔피언, 종이비행기 날리기 챔피언과 같은 경쟁이 실제로 존재할 수 있다고 누가 상상이나 할 수 있는가? 사람들에게 영감을 주는 레드불은 자유, 동기, 행동과 연관되어 감정과 모험을 통해 자신에 대한 인식을 심어 주고 있다. 레드불은 꿈을 실현시키는 것에 대한 모든 것이다. 이 꿈들이 무엇이든지 간에, 그리고 스포츠에 관한 한, 그들에게 불가능하거나 심지어 상상할 수 없는 것은 없어 보인다. 레드불은 단순히 포장된 음료를 판매하는 것이 아니라 실제로 함께 제공하는 '한계에 도전'하는 경험을 제공한다. 브랜드 미션에 충실히 제작된 매력적인 브랜드 경험을 만들어 스토리를 전달한다. 모든 레드불의 사진, 비디오, 다큐멘터리, 이벤트에는 실제 주인공의 '스토리'가 있다. 인간의 한계를 뛰어넘어 불가능한 일을 성취해 내는 나와 같은 평범한 사람의 이야기, 꿈에 날개를 달아줄 사람의 이야기, 때론 포뮬러 1 레이스 드라이버, 스노보더, 스카이서퍼 등 프로 선수들의 목숨을 건 도전조차 평범한 나와 연결되어 있다고 생각하게 만들기 때문에 레드불에 열광하는 것이다(Daalderop, 2018). 이 모든 것을 가능하게 하는 중요한 브랜딩 수단이 있다. 바로 레드불이 보유한 미디어인데, 이를 살펴보자.

브랜드 경험을 전하는 최고의 도구! 레드불 미디어하우스

선도적인 글로벌 기업들은 비용을 절감하고 무수히 제작되는 콘텐츠에 대한 통일적이면서 창의적 제어를 유지하고 고객 데이터를 수집, 분석함으로써 콘텐츠를 확장하고 조직과 프로세스를 효율화하기 위해 외주가 아닌 자체적인 팀을 운영하는 경향이 있다. 우리가 잘 알고 있는 스타벅스, 유니레버, 메리엇, 로레알, 펩시 등과 같은 유명 브랜드는 사내 미디어 대행사를 운영하고 있다(Wasserman, 2015). 디지털 시대에 이르러 이런 필요성이 커진 것은 고객 데이터의 중요성과 무관하지 않다. 아날로그 시대에는 콘텐츠 제작에 필요한 기획 작업 등의 전문성이 외주 대행사에 있는 경우가 많았으나, 디지털 시대에는 고객에 대한 여러 데이터가 다양한 경로에서 수집되어 비즈니스 전반에 적용되고 있는데, 데이터의 자산 가치가 높게 평가되기 때문에 데이터를 외주 회사와 공유하는 경향이 점점 줄어들고 있다(McKinsey, 2015).

레드불의 창업자 디트리히 마테시츠(Dietrich Mateschitz)는 레드불 브랜드를 이렇게 소개했다. "레드불은 에너지 음료를 판매하는 미디어 회사이다"(Iezzi, 2012). 레드불의 브랜드 철학을 담아내는 다양한 콘텐츠는 고유한 레드불 마케팅 프로세스의 결과이며, 그들은 방송, 인쇄 및 디지털 파트너를 위해 제작된 사진, 영상 등을 통합하여 멀티미디어 경험을 제공하는 전략을 오랫동안 수립해 왔다. 1984년 레드불 유한회사 창업 후 20년이 지난 2007년 그들의 마케팅 전략과 프리미엄 디지털 콘텐츠의 유통을 전문적으로 수행하기 위해 미디어 회사인 레드불 미디어하우스(Red Bull Media House)를 설립했다. 2011년 캘

[그림 6-10] 레드불 미디어하우스의 대표적 플랫폼인 레드불TV와
레드 블루틴 잡지

출처: 레드불 홈페이지

리포니아로 확장하여 북아메리카와 함께 오스트리아에 본사를
두고 있는 미디어하우스는 레드불의 모든 콘텐츠 제작, 수집 및
배포 프로세스를 제어, 관리한다(레드불 홈페이지). 2007년 출범
이후 레드불 미디어하우스의 브랜드 미션은 '스포츠, 음악, 라이
프스타일 분야에서 매력적인 인물들의 실제 이야기를 공유하여
전 세계 청중에게 영감을 주는 것'이다. 따라서 주요 목표는 무
엇보다도 제작 기술과 스토리텔링 품질 모두에서 최고의 기대
치를 충족하는 프리미엄 콘텐츠를 제작, 배포 및 방송하는 것이
다. 미디어하우스의 역할을 크게 두 가지로 나누면, 하나는 레
드불TV, 레드불TV 닷컴, 레드 블루틴(Red Bulletin), 레드불 레코
드(Red Bull Records) 등의 사업플랫폼을 운영하는 것이고, 또 다
른 하나는 장편 영화, 다큐멘터리, 라이브 방송, 다양한 영상 프
로젝트 등 콘텐츠 제작과 관리이다(레드불 홈페이지). 미디어하

우스의 스포츠 팀 및 이벤트 소유권을 통해 레드불은 엔터테인
먼트와 마케팅의 경계를 허물 수 있었다.

레드불 미디어하우스는 모기업 레드불의 놀라운 마케팅 성
과만큼이나 혁신적인 것으로 평가받고 있는데, 콘텐츠를 제
공하는 단순한 플랫폼이 아니라 레드불 마케팅의 중요한 전략
적 수단이며 고객과의 브랜드 경험을 확장하는 미디어 비지니
스 플랫폼이기 때문이다. 레드불 콘텐츠는 직접 소유하고 관리
하는 채널과 전 세계적으로 구축한 파트너십 방식의 170여 개
국의 네트워크에 36개 언어로 제공되고 있다(레드불 홈페이지).
TV, 디지털, 오디오, 인쇄물 전반에 걸친 스포츠, 문화 및 라이
프스타일 콘텐츠에 중점을 두고 있으며 다양한 글로벌 라이브
이벤트, 독창적인 편성 전략을 통한 매력적이고 영감을 주는
특정 국가의 현지 스토리텔링을 제작과 라이센스 활용에도 강
점을 가지고 있다. 미디어하우스는 레드불의 디지털 전략과 트
위터, 인스타그램, 유튜브 등에서의 레드불 브랜드의 소셜 미
디어 전략도 관리한다(Iezzi, 2012).

디지털 브랜딩을 위한 레드불의 소셜 미디어 전략은 눈여겨
볼 만한다. 레드불은 어떤 유형의 디지털 콘텐츠 제작에도 브
랜드의 충분한 노출, 특히 스포츠 경기 중 아주 교묘한 제품 배
치를 통해 인지도를 높이는 전략을 구사하여 지향하는 타깃 집
단 내에서 광범위한 브랜드 인지도와 충성도를 확보하고 있다
(Rogers, 2014). 소셜 미디어 팀은 디지털 콘텐츠의 배포 과정에

서도 소비자가 서로 참여하는 커뮤니티를 지향하며, 거의 모든 소비자의 메시지에 최대한 신속하게 응답하여 상호작용성을 높인다. 레드불이 공유하는 모든 것에 대해 관객들에게 가치를 더하는 전략은 레드불의 디지털 미디어 플랫폼에서 소비자가 콘텐츠를 직접 제작하고 공유하는 것을 지원한다. 디지털 미디어와 관련 900개 이상의 도메인을 운영하는데, 레드불닷컴(redbull.com)은 웹 TV, 웹 라디오, 온라인 게임, 뉴스 피드 그리고 디지털 데이터베이스 등 모든 디지털 채널과 콘텐츠를 다룬다. 이용자가 많은 소셜 미디어와 상호작용을 하고 스포츠 이벤트를 망라한 콘텐츠를 배포하면서 브랜드 활동을 연계한다. 이 채널은 대표적 영상 플랫폼인 유튜브에서 전 세계적으로 상위 5대 스포츠 콘텐츠 제작사 중 하나이다. 스케이트보더 라이언 세클러(Ryan Sheckler), 모터크로스 스타 트래비스 파스트라나(Travis Pastrana), 서퍼 제이미 옵라이언(Jamie O'Brien), 트라이얼 사이클리스트 대니 매캐스킬(Danny MacAskill)을 포함하여 다양한 스포츠 분야에서 가장 인기 있는 월드 스타 선수의 일상과 경기를 연대순으로 기록하는 쇼를 기획, 제작하는 등의 콘텐츠가 유튜브 내에서 이용자들의 관심을 이끌고 있는 대표적 기획 프로그램이다(Vaidya, 2012).

레드불 미디어하우스가 디지털 브랜딩에 미치는 긍정적 영향에 대한 평가는 수석 부사장 루카스 쿠딕(Lukas Cudigh)의 설명을 참고할 만하다. "지금은 매우 흥미로운 시대이다. 모든 것이 움직이고 있다. 디지털 기술은 우리를 전통적인 콘텐츠 제작자, 마케팅 담당자로 규정하던 틀에서 완전히 해방시켰다. 소수의 미디어 회사가 모든 것을 소유하던 시대는 이미 오래전에 지났다. 이제 누구나 플랫폼을 만들 수 있다. 레드불 미디어 하우스를 통한 끊임없는 새로운 형식과 제작 방식의 실험의 첫 번째 규칙은 브랜드가 등대로서 역할을 한다는 것이다. 우리가 하는 모든 이야기는 우리의 브랜드 가치와 원칙을 반영해야 한다. 우리의 콘텐츠 경험을 즐기는 사람들에게 영감을 주는 이야기를 전 세계 소비자에게 전달하고 싶다"(Akopyan, 2017).

하느님에 도달하기 위해서는 무엇이든 한다! 라이프처치

디지털과 모바일 환경은 우리 삶의 거의 모든 측면에 영향을 미쳤기 때문에 디지털 전환이 가져온 비즈니스의 변화가 미치지 않는 곳을 찾기는 쉽지 않다. 여기 미국의 한 교회가 있다. 1996년 40명의 신자와 차고에서 모여 설립한 라이프처치(Life Church, 설립 당시 이름은 Life Covenant Church)이다. 코로나19 이전에도 많은 교회에서 설교와 예배를 실시간 스트리밍으로 하는 것은 비교적 익숙한 일이지만, 디지털 소통을 교회 생활의 일부로 활용하고 브랜딩으로 확장하는 일은 여전히 낯선 일이었다. 디지털로 전환하고 있는 교회의 창의적인 사례를 살펴보면 교회가 디지털 혁신 조직이 되듯, 어떤 기관도 오늘날 쉽게 사용할 수 있는 온라인 기술을 사용해 소비자에게 매력적으로 다가가는 브랜딩에 대해 더 창의적으로 생각하도록 영감을 줄 수 있을 것이라 생각한다. 불과 20년 만인 2018년 30여 개의 교회(캠퍼스라 부름)와 주간 85,000명의 교인이 출석하는 성장을 이룬 라이프처치는 가장 혁신적인 교회로 자주 인용된다(Gryboski, 2018). 이 교회는 자체적인 사용을 넘어 다른 교회와 전 세계 사람들이 사용할 수 있는 디지털 플랫폼을 만들고, 설교, 비디오, 삽화 등 수천 개의 무료 리소스를 제공한다. 코로나19 시대에 이 교회의 온라인 플랫폼 이용은 계속해서 증가하고 있다. 이들의 플랫폼을 이용한 주말 예배는 700만 명을 넘기기도 했고, 15,000개 이상의 새로운 교회가 가입하고 있다(The Oklahoman, 2020). 이 도구를 사용하면 교회에서 채팅 및 일대일 기도 기능을 사용하여 자체 교회 서비스를 스트리밍하고 온라인 커뮤니티를 구축할 수 있고, 스마트폰이나 카메라를 사용하여 설교를 녹음하고 유튜브에 업로드하고 1시간 이내에 스트리밍을 시작할 수 있다(라이프처치 홈페이지). 라이프처치가 소비자와 다른 교회에 미친 디지털 브랜딩의 내용을 살펴보자.

브랜드 가이드라인과 커뮤니케이션 가이드라인을 보유한 교회

라이프처치의 브랜드 가이드라인은 브랜드에 대한 정의, 교회가 지향하는 목표 집단에 대한 설명, 브랜드 정체성(identity) 전략에 관한 내용과 키워드, 그리고 로고(Logo) 가이드, 아이콘 사용, 타이포그래피, 컬러 등 브랜드 디자인에 대해 소개하고 있다. 일반적으로 교회의 존재 이유, 역할 등이 아닌 마케팅적 관점에서 브랜드를 정의한 교회의 사례를 찾기란 쉽지 않을 것이다. 상세히 내용을 보면 어떤 의미인지 수긍이 갈 것이다. 브랜드 가이드라인의 첫 페이지에 '브랜드는 무엇인가?'라는 질문을 던지며, 다음의 답을 제시한다. '브랜드는 단어(words)이고, 이미지(images)이며, 경험(experiences)이다.' 이어서 보자. '결국, 직감이다. 라이프처치가 성장하면서 우리의 예술, 미디어 그리고 커뮤니케이션이 사람들을 교회로 이끌고, 궁극적으로 그리스도와의 관계로 이끄는 인상을 만드는 것이 매우 중요하다. 우리의 가이드라인은 단순한 규칙이 아니다. 교회의 스태프, 자원봉사자, 파트너들이 우리의 미션을 명확하고 일관되게 전달하는 데 도움이 되는 원칙과 표준이다.' 어떤가? 교회라는 조직에서 브랜드를 경험이라고 표현하는 것은 경이롭기까지 하다. 브랜드 가이드라인은 내부 직원과 협력 파트너에게 방향을 제시하는 원칙과 표준이라고 설명하고 있다(라이프처치 홈페이지).

라이프처치는 브랜드 가이드라인과 함께 커뮤니케이션 가이드라인을 보유하고 있는 놀라운 조직이다. 우선 그들은 커뮤니케이션 가이드가 '조직 전체의 팀이 일관되고 전문성 있게 소통하는 도구라고 설명하고, 구성원 모두가 교회, 지도자, 궁극적으로 그리스도를 대표할 수 있는 기회인만큼 탁월함을 갖추도록 시간과 노력을 기울일 가치가 있다'고 중요성을 강조한다. 그들이 생각하는 커뮤니케이션의 가치(value)는 브랜드 철학이라 볼 수 있는데, 이는 철저히 고객 지향적이라는 것을 알 수 있다. 청중을 위한 옹호자, 사용자 친화성을 강조하고 있다. 커뮤니케이션을 통해 사람들에게 쉬운 정보를 제공하고 그들의 이익보다 고객의 이익을 우선시한다. 이해하기 어려운 단어, 라이프처치에서만 통용되는 내부 용어(사실 많은 기관이 그들만의 용어를 대외적으로 사용한다.)를 사용하지 말고, 특히 교회에 들어와 본 적도 없는 사람에게 혼동을 줄 수 있는 문구를 피하라고 설명한다. 일방적 광고가 되지 않도록 유의하며 정보를 제공하고 비전을 제시하며 경험을 공유하는 방식을 권하고 있다. 효과적인 커뮤니케이션을 위해 간결한 콘텐츠, 메시지, 스타일, 채널 전반에 걸쳐 일관성을 유지하도록 추천한다. 커뮤니케이션 전반에는 진정성 있고 유쾌하고 성실하며 긍정적이고 재미있는 브랜드 개성(personality)을 명시하고 있다. 전략적 방향과

06 디지털 시대를 이끄는 브랜딩 사례

[그림 6-11] 디지털 혁신을 통해 성공적인 브랜딩 사례가 되는
라이프처치의 예배 공간과 설교 모습

출처: 라이프처치 홈페이지

함께 디지털 커뮤니케이션에 관한 상세한 지침을 담고 있는데, 심지어 다음과 같은 해시태그 가이드 '모두 소문자를 이용해야 한다. 그렇지 않으면 읽기가 어렵기 때문이다.'도 포함하고 있다(라이프처치 홈페이지). 거듭 강조하지만, 브랜드 가이드라인과 커뮤니케이션 가이드라인을 보유하고 실천하는 기업이나 조직은 생각보다 많지 않다. 우리에게 매우 익숙한 유명 브랜드 못지않은 가이드라인을 보유하며 디지털 브랜딩을 혁신적으로 시도하는 교회의 사례는 많은 것을 시사하고 있다.

브랜드 스토리를 규정한 미션과 브랜드 경험을 위한 노력

라이프처치의 부목사이자 혁신 리더(Innovation Leader)인 바비 그뤼네발트(Bobby Gruenewald)는 자신의 트위터에 다음의 글을 올렸다. "우리는 예수님을 모르는 사람들에게 다가가기 위해 죄가 되지 않는 어떤 일이든 할 것이다. 아무도 닿지 못한 사람들에게 다가가기 위해 우리는 누구도 하지 않는 일을 할 것이다." 그의 메시지는 곧 라이프처치의 브랜드 미션이며, 이 혁신적 교회가 추구해 온 브랜드 경험을 설명하는 철학이다. 2001년에 라이프처치에 합류한 그뤼네발트는 고객의 접점(touchpoints)과 새로운 소비 경향에 대한 욕구를 고민하고 끊임없이 혁신해 온 인물이다. 2006년 사용자가 익명으로 고해성사를 할 수 있는 온라인 포럼 MySecret.tv를 시작했다. '서로의 고백을 통해 치유가 시작된다'는 개인의 종교적 믿음에 대해 사람들이 비밀을 갖고 있으되 그것을 공유할 필요성을 느끼는 직관에서 출발한 프로젝트 이후 라이프처치의 다양한 브랜드 경험이 본격적으로 제공되기 시작하였다. 같은 해 오프라인 교회의 한계를 벗어나 전 세계 사람들이 예배, 음악, 성경 교육, 양방향의 실시간 채팅, 개인 채팅을 통한 일대일 기도를 제공하는 플랫폼이자 'Church Online'으로 알려진 캠퍼스를 만들기

06 디지털 시대를 이끄는 브랜딩 사례

[그림 6-12] 콜로라도주 스프링스의 라이프처치 모습

출처: 라이프처치 홈페이지

시작했다. 2020년 8월에 오픈한 콜로라도주 스프링스는 이들의 35번째 캠퍼스로, 성장이 급속히 확대되었다.

이미 놀라운 혁신을 거듭하던 이 교회는 2007년 미국의 인터넷 기반 가상 세계인 세컨드라이프(Second Life)에 가상의 교회를 구축한다(Kaburuan, Chen, & Jeng, 2012). 사람들이 스스로 3D 아바타를 만들어 가상의 교회에 들어와서 여러 가지 아이템을 얻으며, 로비에 있는 키오스크, 강당의 비디오 화면에서 목사의 지난 설교를 시청할 수 있게 하였다. 2021년 메타버스의 유행이 본격화되고 있는 것을 생각할 때, 14년 전 이 교회의 시도가 얼마나 대단한 것인지 생각해 볼 수 있다. 이미 이 당시 인터넷 기반의 소셜 네트워킹 문화의 일부로 인식하였기에 가능한 바비 그뤼네발트의 도전은 300만 명 이상의 사람을 가상 영역으로 끌어들이는 성과를 냈다. 디지털 기반으로 소비자의 욕구 충족과 트렌드를 감지한 새로운 도전은 유버전(Youversion)이라는 성경 애플리케이션에까지 이르게 되는데, 사람들이 성경을 일상생활에서 쉽게 접할 수 있는 경험을 설계하여 제작되었다. 2021년 10월 기준 전 세계 모든 국가에서 4억 9천만 개 이상의 기기에 다운로드하였고, 6억 개 이상의 하이라이트, 3억 개 이상의 북마크와 같은 상호작용이 일어났다. 그리고 초기 15개 버전과 2개의 언어로 출시된 앱은 현재 1,200개 이상의 언어와 1,700여 개 이상의 버전으로 성경을 제공한다(유버전 홈페이지). 스마트폰이 소셜 미디어 플랫폼의 사용을 증가시키면서 유버전에도 추가된 소셜 공유 기능은 출시 후 10년 동안 9억 5천만 개 이상의 성경 구절을 공유하여 사람들의 삶과 소셜 미디어 피드에서 성경이 중요한 위치를 차지하는 데 크게 기여하게 된다. 다양한 소비자층과 디지털 이용의 트렌드를 반영하여 지속적 업그레이드를 전개하는데, 친구의 활동에 대한 피드 제공과 성경을 공부할 수 있는 커뮤니티 기능을 도입하여 전 세계 사용자들을 네트워크화하였다. 라이프처치의 온라인 플랫폼은 교회가 온라인 사역을 통해 그리스도를 위해 더 많은 사람에게 다가갈 수 있도록 기술의 장벽을 최소화하였다. 교회는 온라인 참석자들에게 설교를 방송하고, 성경을 공부하며, 실시간 기도를 통해 사람들과 일대일로 연결하고, 전 세계 참석자들과 채팅을 통한 경험과 느낌을 공유한다. 이 모든 것은 소셜 미디어에

06 디지털 시대를 이끄는 브랜딩 사례

도 연계되어 확산이 가능하다.

  디지털 시대의 트렌드를 선도하고 있는 라이프처치의 브랜딩에 대한 도전은 교회의 모든 콘텐츠에 적용되고, 심지어 찬송가 역시 오프라인 교회의 공간에 머무르지 않는다. 찬송가의 경우에도 기존의 관념에서 벗어나 팝 음악을 연주하는 대중가수들의 그것처럼 무대, 조명 등 분위기를 조성하고 여러 연령층에서도 받아들이기 불편하지 않는 다양한 방식으로 제작된다. 오프라인 교회, 유튜브와 같은 SNS에서의 소비를 벗어나 이용자들의 음악 접근 경로가 다변화하였는데, 애플 뮤직, 스포티파이, 아이튠즈 스토어, 아마존 뮤직 등 다양한 음원 판매 플랫폼을 통해 확산되는 새로운 경험을 제공하고 있다(라이프처치 홈페이지).

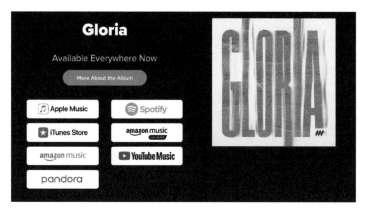

[그림 6-13] 2021년 10월, 찬송가인 글로리아를 감상할 수 있는 링크 제공

출처: 라이프처치 홈페이지

라이프처치가 제공하는 고유한 브랜드 경험은 브랜드 철학에서 제시하듯이 고객을 최우선으로 두고 있음을 알 수 있다. 앞서도 언급하였듯이 소비자에 대한 분석은 디지털 브랜딩에서 매우 중요한 요소이나 여느 우수 사례에서도 흔히 발견할 수 있는 포인트이다. 라이프처치는 교회에 참석, 성경을 배우는 사람들, 자원봉사자 등 교회 내 발생하는 데이터를 추적하는 분석시스템 'Church Metrics'를 활용하고 있다. 출석은 물론 구원, 세례, 헌금 등에 대한 분석까지 가능하며 모든 정보를 바탕으로 의사 결정을 내린다. 즉, 데이터 기반의 교회 운영이 이루어지고 있는 것으로 실시간 데이터를 접속하여 확인하고 맞춤형 화면(대시보드)을 설정하여 교회에 가장 필요한 데이터를 시각화하여 전략적 도구로서의 가치를 높인다. 복잡한 체계를 버리고 웹이나 모바일에서 언제, 어디서든 쉽게 간단한 클릭 몇 번만으로 데이터에 접근할 수 있다(라이프처치 Metrics 홈페이지).

이미 2000년대 중반부터 라이프처치는 350,000명 이상의 교회 지도자들에게 다운로드 가능한 설교 영상, 어린이나 청소년 대상의 커리큘럼, 독창적인 예배 음악과 편집 가능한 그래픽 패키지들을 무상으로 제공해 왔다(The Oklahoman, 2020). 라이프처치의 디지털 전환은 교회 시스템에 국한하지 않고, 미국 전역과 전 세계의 교회에 다양한 리소스를 무료로 제공하는 활동으로 확장하는데, 2016년 이후부터 본격화되었다. Life church open network는 목회자가 지도자로 성장할 수 있도

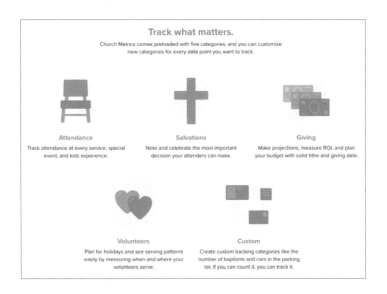

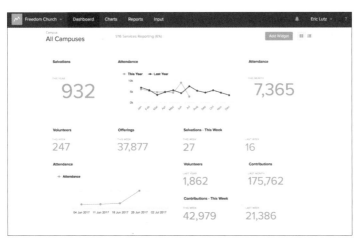

[그림 6-14] 데이터 분석을 위한 라이프처치의 분석시스템
Church Metrics 화면

출처: 라이프처치 Metrics 홈페이지

록 돕기 위한 모범 사례, 리더십 프로그램 등에 대한 교육 영상, 데이터를 추적하는 Church Metrics, 성과 검토를 수행하는 Develop.Me, 온라인 교회 경험을 제공하는 Church Online Platform과 같은 모바일 앱, 전 세계의 교회 지도자들이 네트워크로 연결되어 질문하고 격려하는 등의 소통 활동이 가능한 커뮤니티를 제공한다(라이프처치 홈페이지). 라이프처치의 혁신과 도전은 복음을 전파하는 데 있어 지리적, 문화적, 시간적 장벽을 극복할 수 있도록 디지털 기술을 최대한 활용하는 성과 사례로 평가받고 있다.

레드불과 라이프처치의 사례를 통해 디지털 브랜딩의 여러 측면을 살펴보았다. 디지털 시대의 고객은 브랜드 약속에 대한 일관성을 원하고 있고, 요구를 전달하는 방식이 바뀌고 있다. 디지털 마케팅에서 브랜딩의 역할은 끊임없이 진화하고 있으며, 브랜드 구축의 과정에 결코 '완료'라는 단계는 없다. 서비스나 제품의 특성을 개선하고 성장시키는 지속적인 프로세스이다. 디지털 브랜딩은 웹사이트, 소셜 미디어 플랫폼, 앱, 멀티미디어 등을 통해 온라인 아이덴티티를 만드는 것을 의미한다. 혼용되는 개념인 디지털 마케팅은 판매 창출을 목적으로 하는 것이지만, 디지털 브랜딩은 온라인상에서의 입지를 구축하고 브랜드 인지도를 구축하는 것이 포함된다. 궁극적으로 디지털 브랜딩은 모든 온라인 플랫폼을 연결하는 동시에 온라인상의 고객과의 관계를 강화하는 것이라는 점을 유념하자. 새로운 디

지털 기술, 미디어 채널 및 온라인 소비 패턴은 브랜딩 전략과
전술에 영향을 미친다.

이 장의 목적은 디지털화로 인한 변화가 가져온 브랜딩의 중
요성, 기대 효과, 주요 과제, 브랜딩을 위한 제언, 그리고 우수
한 브랜드 사례를 논의하는 것이었다. 우리가 논의한 브랜딩의
여러 관점은 브랜드의 중요성을 상기시키는 것이고, 디지털 시
대 브랜드의 여정을 제시하는 것이다. 결국 소비자에 대한 깊
은 통찰력, 디지털 소비자 여정에 대한 올바른 이해가 브랜딩
의 핵심 요소임을 간과하지 말아야 한다.

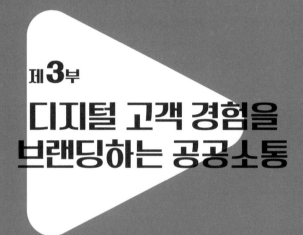

디지털 고객 경험을
브랜딩하는 공공소통

제**3**부
디지털 고객 경험을
브랜딩하는 공공소통

디지털 기술이 가져온 생태계의 파괴적 변화가 사회 모든 시스템의 변화를 가속하고 있는 가운데, 제1부와 제2부에서는 디지털 시대의 소비 변화와 소비자, 디지털 고객 경험 그리고 브랜딩에 대해 살펴보았다. 디지털 전환으로 촉진된 비대면, 실시간, 개인 초맞춤형으로 대표되는 소비 변화에 대해 기업이 소비자와의 직접 소통을 위해 부단히 노력하고 있고, 효과적으로 소비자와 소통하는 여러 사례를 살펴보았다. 디지털 환경을 성공적으로 리딩하는 기업들의 사례가 제공하는 시사점은 커뮤니케이션 자체만의 전략과 실행도 중요하지만 고유한 브랜드 전략과 디지털 고객 경험이 커뮤니케이션 전략과 함께 병행되어야 한다.

디지털 공공소통의 현황과 방향

디지털 변화에 따른 우리나라의 대응은 많은 분야에서 적극적인 양상으로 나타나고 있는데, 공공소통 영역도 예외는 아니다. 정책 홍보의 게이트키퍼인 언론 미디어의 영향력이 감소하고 국민의 디지털 미디어.이용이 증가함에 따라 각 기관은 직접 소통을 위한 SNS 채널을 개설하여 운영하고 있다. 부처마다 개설 시기는 다소 상이하지만, 2010년부터 중앙부처가 기존의 홈페이지 외에 트위터, 페이스북 등의 소셜 미디어 채널을 도입한 것으로 알려져 있다(김병희, 김지혜, 유현재, 2015). 민경세 (2015)의 연구에 의하면 중앙부처 행정기관은 평균 4개 내외의 소셜 미디어를 운영하였는데, 페이스북, 트위터, 블로그 등이 주로 활용된 것으로 나타났다. 하지만 이 당시는 정부의 소셜 미디어 운영 목적이 명확하지 않고, 메시지나 콘텐츠의 전달 방법이 일방적이고 정보의 유용성과 흥미도가 떨어지는 등 직접 소통의 한계가 많이 지적되었다(한정호, 박노일, 2010). 그럼에도 불구하고 2015년 공공기관의 주요 소셜 미디어 운영 비율은 대기업에 비해 더 높은 것으로 나타났고, 소셜 미디어 운영 목적은 인지도/이미지 제고 78%, 정책 소식/메시지 전달 58%, 이슈/위기관리 35%, 공중 의견 수렴 32%로 나타났다(KPR소셜커뮤니케이션연구소, 2015). 더피알이 2017년 실시한 공공PR 용역 입찰 정보 분석에 의하면 온라인 홍보를 명시한 경우 99건, SNS와 뉴미디어를 언급한 것이 각각 59건, 23건, 언론 홍보는 57건으로 정부의 용역 발주 내용을 통해서도 전통적 홍보 채널이던 신문, 방송의 영향력 감소와 온라인, 디지털 홍보의 증가를 확인할 수 있었다(박형재, 2017). 정부의 홍보 실무자들이 소셜 미디어를 정부 홍보의 주요 미디어로 인식하고 있는 것으로 나타났으며, 소셜 미디어의 활용 이유로 접근성, 신속성, 관계성이 제시되었고, 특히 접근성과 신속성이 가장 중요한 요인으로 나타났다(김지혜, 김병희, 2017). 접근성, 신속성 등의 인식이 고스란히 드러나는 것은 김현정과 김운한(2017)의 연구에 의하면 정부부처는 페이스북, 트위터, 블로그 등을 주요하게 이용하고 있고, 유튜브는 약 20여 개 기관만이 개설한 것으로 나타났는데, 유튜브의 영향력이 커진 2021년에는 모든 정부부처가 유튜브 채널을 개설, 운영하고 있을 정도로 디지털 미디어의 영향력에 따라 운영 채널을 개설하는 등 트렌드에 맞게 대응하고 있다.

그리고 초기 PR 인력은 대부분 자체 인력인 공무원 중심이었고, 일부 부처는 외부 전문가를 채용하기도 하였다. 조정열(2004)의 연구 당시 중앙부처와 광역지자체 PR 책임자들 중 대학에서 홍보 관련 전공자는 한 명도 없었고, 필요한 직무 교육을 받은 사람도 드물었으며, SNS 개설이 시작된 2010년에도 민간 외부 전문가를 활용하는 경우 외주 용역, 한시적 대행 의뢰, 자문위원 위촉 등이 대부분이었다(강정석 외, 2010). 하지만 디지털 소통의 중요성이 높아지면서 2018년 일부 중앙부처에 한해 대변인실 산하에 '디지털 소통팀'제를 신설하였고, 공보 기능을 담당하는 홍보기획담당관과 별개로 주요 정책에 관한 디지털 소통 계획의 수립 및 조정을 지원하며, 디지털 소통 채널 운영 및 콘텐츠 제작과 활용을 담당하는 업무가 부여되었다. 또한 디지털 채널을 통한 주요 정책의 대국민 소통 및 홍보활동을 지원하며, 장·차관 정책 활동에 대한 온라인 홍보 지원, 온라인을 활용한 부처 내 홍보활동 점검·평가를 전담하고 있다. 팀제 신설 외에도 부처 내에 다수의 민간 전문 제작 인력을 채용하여 디지털 제작 역량을 높이는 토대를 마련하였다. 콘텐츠 제작 전문가들이 조직 내 인력으로 직접 채용되면서 과거 외주 협력 회사에 많이 의존하던 위탁 제작에서 직접 제작으로 콘텐츠 제작 속도가 개선되는 등 디지털 공공소통의 첫걸음이 시작되었다고 할 수 있다.

전문 인력의 내재화는 정부기관 보유 채널의 경쟁력을 가늠하는 지표인 구독자 수, 조회 수 등의 성장을 가져왔고, 민간 영역의 콘텐츠 트렌드를 과감하게 수용하는 능동성도 높였다. 한때 디지털 콘텐츠에 많이 활용된 ASMR 기법을 여러 부처가 고유한 정책에 접목하여 눈길을 끌었고, 숏폼 콘텐츠가 MZ세대를 비롯한 많은 연령대에서 호응을 얻자, 여러 기관이 유튜브를 비롯한 다양한 채널에서 짧고 강력한 기획 콘텐츠를 선보였다.

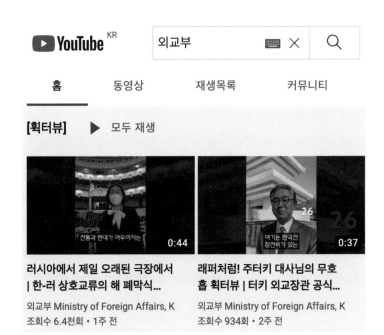

[그림 7-1] 외교부 유튜브 채널의 숏폼 콘텐츠 방식의 재생목록 '획터뷰'

07 디지털 공공소통의 현황과 방향

새로운 콘텐츠 트렌드에 발맞춘 시도와 함께 새로운 플랫폼에 대한 도전도 적극적으로 이루어지고 있다. 초기에는 페이스북, 블로그 중심으로 SNS 채널을 운영하던 정부기관들은 소셜미디어의 이용 추이에 따라 유연하게 대응하는 디지털 공공소통의 적응성을 보였는데, 대표적으로 유튜브, 인스타그램과 같은 채널들의 이용률이 높아지자 적극적으로 채널을 개설하여 운영하였고, 2020년 생소한 음성 소셜 미디어인 클럽하우스가 출시되었을 때조차, 일부 정부기관은 정책 홍보의 공간으로서의 활용 가능성을 과감하게 테스트하였다. 메타버스에 대한 사회적 논의가 본격화된 2021년에 일부 부처는 네이버 제페토 등 메타버스 플랫폼을 정책 및 행사 홍보의 목적으로 활용하는 등 국민이 있는 곳이라면 소통 창구로서의 대안을 끊임없이 시도하고 모색하는 적극적 활동을 전개하고 있다.

디지털 소통의 중요도가 높아지고, 영상/이미지를 구현하는 SNS 채널을 운영하면서 부처 내 대변인실의 고유 업무로 여겨지던 정책 홍보에 대한 관심이 기관 내에 다소 확산되는 분위기가 되었다. 사회적 영향력이 큰 기관장의 출연을 시작으로 직원들의 관심이 커지며 자연스럽게 콘텐츠에 출연하는 경우도 종종 관찰되었다. 주요 정책 사안을 주간 단위로 모아서 제작되는 고정 편성 영상에 디지털 소통 책임자가 직접 출연하기도 하고, 특정 시기에 정책 부서 담당자가 해당 정책을 상세히 설명하여 홍보의 신뢰를 높이는 다양한 시도도 이루어지고 있다.

[그림 7-2] 제페토를 활용한 탄소중립 환경부 캠페인

　정부의 디지털 소통은 정책을 홍보하는 역할과 함께 허위정
보 확산을 방지하고 정책에 대한 올바른 이해를 높이는 기능도
하고 있다. 디지털 시대에 허위정보의 확산, 재생산은 더욱 부
정적 위력을 높여 가고 있고 정책 홍보와 국민 인식의 왜곡을 발
생시키는데, 디지털 채널의 가장 강점인 신속성을 발휘하여 해

[그림 7-3] 온라인 대변인이 매주 진행하는 기획재정부의 유튜브 채널

당 정보에 대해 재빠른 대응 콘텐츠를 제작, 배포하고 있다. '부
처 직원들이 대부분 여성단체 등에서 특별 채용되었다.', '성평
등 교육 강제 이수는 기본권을 침해하는 것이다.' 등의 왜곡된
정보에 대해 여성가족부는 이해하기 쉽고 정책 정보에 재미있
게 접근하도록 영상 콘텐츠 기획 시리즈를 제작하여 최고 17만
회라는 비교적 높은 유튜브 조회 수를 기록할 정도로 디지털
소통의 영역이 확대되고 있다.

디지털 공공캠페인의 우수한 사례들도 속속 등장하고 있다. 코로나19로 인한 사회적 거리두기로 국민의 적극적 참여가 이루어지는 상황에서 기차역 맞이방 의자에는 한 칸씩 띄어 앉도록 유도하고 있는데, 문화체육관광부는 전국 10개 기차역 맞이방 의자에 스티커를 부착하고, 해당 스티커에는 증강현실 공연을 볼 수 있는 QR코드를 넣는 캠페인을 실행하였다. 스마트폰 카메라로 QR코드를 실행하면 국립국악원, 국립발레단 등 예술인들이 재능 기부한 국악, 인디 음악, 클래식, 발레, 수어 음악 등 다양한 공연 영상 37편을 무상으로 볼 수 있는데, 예술인들이 관객을 만나는 기회를, 국민은 거리두기를 지키면서도 공연

[그림 7-4] 기차 역사 안 의자에 설치된 디지털 캠페인 콘텐츠

출처: 구글 이미지

을 볼 수 있는 혜택을 제공하였다. 국토교통부, 한국철도공사, 주식회사 SR과 함께 기획한 '사람 사이, 문화두기' 캠페인은 오프라인의 공간에 디지털 수단을 통해 직접 소통하고 이를 SNS에서 확산하는 형태의 성공하는 콘텐츠 구조를 갖추고 있다.

사실, 첫걸음을 내딛은 정부의 디지털 소통 활동 성과에도 불구하고, 국민이 적극 이용하는 유튜브나 인스타그램 등 SNS에는 무수히 많은 콘텐츠가 생산, 소비되고 있는데, 공공소통 목적의 콘텐츠나 캠페인은 자극적이고 흥미로운 일반적 콘텐츠 틈 속에서 목표 집단에게 도달하는 데 어려움을 겪는 것이 현실이다. 공공소통 분야 종사자들과 외부 전문가들이 콘텐츠의 경쟁력을 높이기 위해 많은 제언을 하고 있고, 채널 운영의 전문성을 높이기 위해서도 노력하고 있다.

디지털 공공소통의 중요성이 점점 고조되고 있는 상황에서 기관의 디지털 소통 활동이 콘텐츠 중심으로 지엽적으로 이루어지고 있는 것은 아닌지 고민이 필요하다. 디지털 공공소통의 개념과 역할에 대한 분명한 인식이 여전히 부족하다는 지적이 많은데, '콘텐츠를 제작하고 디지털 플랫폼인 SNS에 발행하는 일련의 과정, 그리고 SNS 채널 운영'을 디지털 소통의 범위로 인식하는 경향이 강하다. 과거 전통 미디어 시대의 홍보 활동이 '영상, 디자인 홍보물을 제작하여 TV, 신문에 게재하는 방식'이었던 것처럼 현재의 디지털 소통 역시 콘텐츠 제작과 미디어 노출로 생각한다면 이는 목표 집단에 미치는 미디어의 영향력만을 단편적으로 바라보는 시각이며, 디지털 공공소통의 본질을 전혀 이해하지 못하는 것과 같다.

소비의 주도권을 가지고 있는 소비자의 디지털 활동, 즉 제품 정보 수집부터 구매와 같은 결정적 의사 결정 시점에 이르는 일련의 과정이 모두 데이터로 축적되어 분석 가능한 것이 디지털 시대가 갖는 핵심가치이며, 소비자의 디지털 구전 영향력이 기관의 흥망에 영향을 미칠 수 있는 정도로 커졌기에 디지털 공공소통이 추구해야 할 목표와 기능은 '정부와 국민이 충성도 높은 직접적 관계를 형성하여 양방향의 소통을 구현'하는 것이다. 정부의 디지털 소통 조직 구성과 다양한 플랫폼, 콘텐츠 제작 시도, 캠페인 기획 등 현재까지 구축한 체계와 성과들은 전통 미디어가 게이트키퍼로서 기능이 약화된 상황에서 국가와 국민이 직접적으로 관계 형성을 맺어야 하는 디지털 공공소통의 본질적 특성을 지향하는 첫 단추를 채운 것과 같다. 특히 정부의 소통 활동이 대변인실 내 일부 홍보 인력에 의해 이루어지는 것이 아니라, 정책을 담당하는 각 부서에서 직접 수행하는 경우가 많은 것을 감안하면, 기관장을 비롯한 전체 구성원이 디지털 공공소통의 정의와 범위에 대해 명확하게 인식하는 것이 진정한 디지털 공공소통을 구현하는 출발이라 할 수 있다.

국민과 직접적 관계 형성을 맺고 양방향의 소통을 하기 위한 디지털 공공소통의 과제로 다음을 제시한다.

- 브랜드 미션과 브랜드(커뮤니케이션) 가이드라인 도입
- 고객 접점 디자인과 디지털 고객 경험 제공
- 브랜딩을 위한 콘텐츠 전략
- 이용 접근성을 높이는 보유 미디어의 리빌딩
- 고객 주도 혁신이 가능한 양방향 소통 설계

이 외에도 몇 가지 제언을 통해 디지털 공공소통의 성장을 기대한다.

공공기관의 브랜드와 커뮤니케이션 가이드라인

브랜드 미션

브랜드 미션은 조직이 지향하는 목표와 가치를 의미하고 이를 선언문(statement)으로 표현하여 요약한다. 미션 선언문은 기관의 존재 이유에 대한 간결한 설명으로, 핵심 아이덴티티를 만들고 조직의 목적과 전반적인 의도를 설명하며 구성원 모두가 결정을 내릴 수 있는 기반을 마련한다. 기관의 아이덴티티는 경쟁 조직과 차별화되며, 선언문은 그 아이덴티티를 다른 사람에게 표현하는 가장 명쾌한 방법 중 하나이다. 기관의 문화와 환경이 긍정적으로 발전할 수 있는 지침을 제공하며, 가치, 규범 및 신념은 고유한 문화 환경을 만들고 고유의 문화를 표현하는 공식적인 방법이다. 일반적으로 선언문은 단순히 해당 분야에서 최고가 되거나 최고의 제품(서비스)을 만들고자 하는 기관의 열망을 나타내는 것이 아니며, 공적 이미지와 내부 커뮤니케이션 사이의 균형을 이해하는 것이 중요하다.

미션은 기관의 비전을 지원하고 직원, 고객, 관련 기관 및 기타 이해 관계자에게 목적과 방향을 전달하는 역할을 하기에 중요성을 살펴보면 다음과 같다. 강력한 비전 선언문은 직원에게 목적을 부여하고, 더 큰 목표를 부여하는 명확한 이유를 제공하여 업무의 의미와 목적을 이해하는 데 도움을 준다. 기관의 장기 성장 계획을 위해 일하도록 동기를 부여하고 고품질의 작업을 수행하여 스스로 높은 기준을 유지하도록 장려하는 환경도 조성할 수 있다. 기관의 미션을 업무에 적용함으로써 기관의 핵심가치에 참여할 수 있는데, 단지 내부의 전략 수립과 의사소통에의 영향력으로만 머물지 않는다. 미션은 대중에게도 기관이 보낼 수 있는 가장 강력한 메시지 전달 방법 중 하나이다. 목표 고객은 기관의 비전이 기관의 가치를 효과적으로 요약해야 한다고 생각하고 있기 때문에 자신과의 가치에 부합하는지 여부를 판단하고 그에 따른 소비 행동을 결정한다.

정부기관들의 경우에도 브랜드 미션이라고 표현되어 있지는 않지만, 기관의 임무와 비전을 가지고 있음을 확인할 수 있

08 디지털 공공소통 전략

다. 몇몇 기관의 예를 살펴보면, 보건복지부는 '국민의 삶의 수준을 높이고 모두를 포용하는 복지를 통해 내 삶을 책임지는 국가'라는 비전과 임무를 소개하고 있다(보건복지부 홈페이지). 국토교통부는 '균형 있는 국토 발전과 환경과 조화되는 국토관리, 보편적 주거복지를 통한 서민 주거안정 실현' 등 4개의 미션과 '살기 좋은 국토, 편리한 교통'의 비전을 가지고 있다(국토교통부 홈페이지). 국가보훈처는 비전으로 '국가를 위한 헌신을 잊지 않고 보답하는 나라'(국가보훈처 홈페이지), 질병관리청은 '건강한 국민, 안전한 사회'라는 비전과 '과학적 근거 기반의 국가 공중보건 및 보건의료연구개발 중추기관'의 미션을 안내하고 있다(질병관리청 홈페이지). 홈페이지의 개방성 등을 평가해온 웹발전연구소의 2021년 연구에 의하면, 장관급 18개 기관의 홈페이지에 비전이 안내되어 있지 않는 곳이 6개 기관이며 나머지 12개 기관의 경우 미션과 핵심가치가 없는 것으로 나타났다(문형남, 2021).

브랜드 가이드라인

브랜드 미션을 포함하여 브랜드의 일관되고 유연한 사용을 위해 설계된 도구의 모음을 브랜드 가이드라인이라고 한다. 브랜드를 고객에게 전달하는 방법에 대한 지침서의 역할을 하는 브랜드 가이드라인은 기관의 목소리, 어조 및 메시지에 대한 중요한 내용을 소개하고 모든 시가저 세부 사항을 배치하는 매우 중요한 자료인데, 이를 가지고 있는 기관은 거의 없는 것으로 보인다. 정부 등 공공 영역에서 브랜드 가이드라인이 왜 필요한지에 의문을 가질 수 있다. 왜냐하면 브랜드 관리는 기본적으로 경쟁 환경에서 브랜드 생존의 목적으로 신규 고객 유입과 기존 고객의 이탈을 막기 위한 수단인데, 정부 등의 공공기관은 국민이 느끼는 만족의 수준에 관계없이 서비스를 제공하는 대체자의 출현이 불가능하기 때문이다(예를 들어, 환경부의 정책 등이 마음에 들지 않는다고 해도, 다른 대안이 될 수 있는 정부, 민간기관은 존재하지 않는다는 의미이다). 그러나 어떤 정부기관도 국민에게 정책 서비스를 효과적이고 효율적으로 전달해야 하는 책임감으로부터 자유로울 수 없기 때문에 이의 지침이 되는 브랜드 가이드라인은 민간기업과 마찬가지로 꼭 필요할 수 있다. 브랜드 가이드라인은 과거부터 지금까지 늘 치열한 비즈니스 경쟁 환경에서 고객과 감정적으로 소통하고 관계를 맺기 위한 방법을 찾는 지향점으로 효과가 검증되어 왔기 때문이다.

브랜드 가이드라인의 중요성을 몇 가지 간략하게 언급하면, 가장 우선적으로 내부 구성원들에게 고객을 대하는 방식에 브랜드 가치를 반영하는 중요성과 방법을 설명하여 브랜드를 고유하게 만드는 요소에 대해 명확하게 이해할 수 있게 한다. 그리고 고객과의 브랜드 접점이 다변화되는 상황에서 방대한 조직 내 구성원들의 브랜드 관리, 커뮤니케이션 방법의 기준점을

08 디지털 공공소통 전략

제시하여 전체 조직이 통일되고 일관된 브랜드 관리 체계에서 각자의 업무를 수행할 수 있는 지침이 된다. 쉽게 말해, 모든 구성원이 브랜드의 가치와 사용 방법을 일관되게 공유할 수 있기 때문에 브랜드 이미지의 품질을 일관되게 유지할 수 있다. 내부 구성원과 관련한 이해 관계자, 혹은 브랜드 커뮤니케이션을 담당하는 외주 업체 등의 경우에도 브랜드 지침은 일관성을 유지하는 도구가 된다. 마지막으로 고객, 언론인 등 이해 관계자에게 브랜드에 대한 구체적 인식을 설정, 구축하고 유지하는 데 중요한 역할을 한다.

브랜드 가이드라인은 기관의 특성에 따라 다양한 형식으로 구성될 수 있다. 일반적으로 가이드라인에 포함되는 사항들을 살펴보면, 첫째, 브랜드 미션이다. 브랜드 미션은 기관이 무엇을 위해 노력하는지 간결하고 명쾌하게 사람들에게 알려 주는 개념이다. 둘째, 기관 보유의 웹사이트, 광고 등 브랜드가 노출되는 다양한 표현물에 적용되는 로고, 타이포그래피 등의 정의와 사용 범위, 예시 등이다. 셋째, 색상 팔레트로, 사용 가능한 색상의 범위에 대한 지침과 상세 내용을 담고 있다.

글로벌 승차 공유 서비스 업체 우버의 가이드라인은 로고, 색상, 디자인 조합, 아이콘, 일러스트, 모션, 사진 등 상세한 요소를 담고 있는데, 표현물을 위한 상세한 지침에 가깝다(우버 홈페이지).

민간기업의 브랜드뿐만 아니라 정부기관도 브랜드 가이드라인올 보유하고 있음을 확인할 수 있다. 미국 정부기관의 가이드라인을 모아 둔 사이트는 가이드라인을 보유하고 있는 기관의 링크를 제공하고 있고, 각 기관의 링크를 클릭하면 기관별 상

[그림 8-1] 글로벌 승차 공유 서비스 업체 우버의 브랜드 가이드라인

출처: 우버 홈페이지

08 디지털 공공소통 전략

세한 가이드라인에 대해 소개하고 있다. 그리고 캐나다 정부는 1970년에 연방 정체성 프로그램(Federal Identity Program: FIP)을 도입하였는데, 정체성과 일관된 브랜드 가시성의 운영을 목표로 하고 있다. 그 내용은 '대중이 일관된 식별을 통해 각 정부기관의 활동을 명확하게 인식할 수 있도록 한다. 정부의 책임과 대중의 인식을 명확하게 하기 위해 모든 커뮤니케이션 활동에 연방 정체성 프로그램 정책의 요구 사항을 적용한다. 정부 차원의 우선순위와 일치하는 기관의 정체성을 효과적으로 관리하고, 정보, 디자인의 관리를 촉진한다'(Marland et al., 2017). 이를 위해 프로그램에 대한 내용을 지속적으로 관리 · 운영하고 있다.

[그림 8-2] 대중과 소통할 때 적용하는 미국 정부기관의 가이드라인 모음 사이트

출처: https://digital.gov/resources/style-guides-by-government-agencies/

커뮤니케이션 가이드라인

브랜드 가이드라인이 브랜드 전반에 관한 지침의 성격을 갖고 있다면, 하위 위계에 해당하는 커뮤니케이션에 관한 가이드라인을 별도로 만들어 둔 기관들도 적지 않다. 브랜드 가이드라인이 결국 소비자와의 관계 형성을 위한 지침적 성격이 강하기에, 실제로 소비자와 직접적 접근 방법인 커뮤니케이션에 대한 가이드는 더욱 유용할 수 있다. 종종 브랜드 가이드라인에 커뮤니케이션 요소가 포함된 경우도 있고, 두 가이드라인을 분리하여 제작하고 운영하는 경우도 있다. 커뮤니케이션 가이드라인은 조직 전체의 팀이 일관되고 전문적으로 커뮤니케이션하는 지침으로 위력을 발휘한다(Adu-Oppong & Agyin-Birikorang, 2014). 브랜드가 지향하는 목표를 달성하는 데 있어 커뮤니케이션이 기여해야 할 목표를 정의하고 효과적으로 목표 집단과 의사소통하기 위한 기관의 고유한 지침으로 정리할 수 있다.

기관별 차이는 있지만 일반적으로 커뮤니케이션 가이드라인은 견고한 커뮤니케이션 전략을 통해 목표 청중의 우선순위를 정하고, 조직과 목표 청중에게 적합한 미디어 선택, 콘텐츠 방향 등 세부 전술을 정하는 역할을 한다(Abramo & Onitiri, 2010). 커뮤니케이션 계획과 전략의 현재 상태에 해당하는 기관의 강점, 약점과 리소스 등을 확인할 수 있고, 기관의 미션, 목표를 염두에 두고 커뮤니케이션 목표를 결정하기도 한다. 무엇보다 내외부 이해 관계자가 전략적 방향에 대한 공통적 판단과 가치를 가지도록 하여 여러 부서의 다양한 커뮤니케이션 활동이 브랜드 전체의 통일감과 더불어 주목도 등을 높여 커뮤니케이션 효과를 더욱 배가하는 데 있어 중요한 역할을 수행한다.

브랜드 철학을 전파

우리나라도 다수의 정부기관이 브랜드 미션을 가지고 있지만 브랜드 가이드라인을 정비한 조직은 많지 않은 상태이다. 브랜드 전반의 철학과 상세한 지침에 대한 내용을 만드는 것이 우선적으로 필요하고, 그 이후 내부 구성원이 해당 지침에 동일한 관점을 가지고 숙지하는 것이 매우 중요하다. 기관 내 모든 사람이 기관의 브랜드를 대표할 다양한 기회에 노출되기 때문이다. 기관은 브랜드 철학을 제대로 이해하고 수행하도록 격려하는 방법을 수립하여 누구든, 어디서든 최상의 방식으로 브랜드가 전달되도록 노력해야 한다. 직원의 다수가 '브랜드 가이드라인의 의미를 이해하고 다른 기관과의 차별점을 인식'하고 있는지의 비율을 최대화해야 한다.

구성원들이 브랜드 가이드라인을 준수하도록 하기 위한 몇 가지 방법을 살펴보면, 첫째, 브랜드 가이드라인을 잘 이해하는 데 필요한 콘텍스트를 충분히 제공해야 한다. 즉, 나열된 규칙의 목록을 배포하는 것과 함께 해당 지침 뒤에 의도한 '목적'을 이해할 수 있도록 설명해 줄 수 있어야 한다. 둘째, 쉬운 용어를 사용해야 한다. 브랜드 가이드라인을 실제로 이해할 수 없다면 당연히 활용이 떨어질 수밖에 없다. 전문 부서가 아닌 경우 브랜드 용어나 로고의 색상을 설명하는 코드 등에 대해 어려움을 겪을 것이다. 따라서 브랜드 가이드라인에 관련되지 않은 부서를 자신의 눈높이에서 지침을 교정하고 개선하는 과정에 포함시키는 것도 의미가 있다. 셋째, 언제든 쉽게 찾아볼 수 있는 곳에 배치해야 한다. 구성원 모두가 쉽게 접근 가능한 곳에 보관하여 찾는 과정의 불편함을 해소해야 한다. 만약 지침을 찾는 것에 대해 어려움이 있다면 포기할 가능성도 무시할 수 없다. 넷째, 다양한 템플릿을 만들어야 한다. 브랜드 가이드라인이 반복적으로 준수되고 있는지 확인하기 좋은 방법으로 각종 문서, 보고서, 홍보용 콘텐츠 등과 같이 기관에서 일반적으로 생성되는 리소스에 대한 활용 가능한 여러 템플릿을 만들어 두어 활용성을 높일 필요가 있다. 그리고 중요한 한 가지 사실, 업데이트는 반드시 공지해야 한다. 브랜드 지침은 종종 변화하고 업데이트가 이루어진다. 브랜드 미션과 같은 상위 전략 개념의 수정, 색상 코드의 변화 등 작은 변화이든 간에, 내부 구성원들이 가이드라인을 주시하고 스스로 업데이트할 것이라는 것은 상상하지 않는 것이 좋다. 변경된 사항이 있을 때에는 변경된 내용과 이유를 사전, 사후에라도 반드시 공유해야 한다.

08 디지털 공공소통 전략

다섯째, 브랜드 가이드라인을 준수하는 확실한 방법은 전담 부서의 검토와 승인 프로세스이다. 브랜드 가이드라인에 맞게 자료가 작성되었는지 확인하여 고객에게 전달되기 전 과정에서 담당 부서의 승인을 거치는 것이다(Boogaard, 2019).

디지털 공공소통의 관점에서 보면 각 부처의 대변인실은 브랜드 가이드라인, 커뮤니케이션 가이드라인을 작성하여 업데이트하며 전 부서에서 시행하는 디지털 콘텐츠, 캠페인의 브랜드 지침에 대한 점검을 모니터링하고 주기적으로 피드백하는 역할을 수행해야 한다.

고객 접점 디자인과 디지털 고객 경험의 공공소통

디지털 공공소통이 전통적 정책 홍보와 구별되는 가장 큰 차이는 여러 차례 강조하였듯이, 국민의 소비 활동이 디지털을 중심으로 이루어지기 때문에 데이터를 추적, 분석할 수 있다는 점이다. 심층조사면접, 인터뷰 등 국민에 대한 분석이 과거 전통적 정책 홍보 시대에도 없었던 것은 아니지만, 샘플링을 통한 일반화로 혼선을 주거나 오류가 있을 수 있었던 점은 부인할 수 없다. 디지털 시대의 데이터는 개인별 맞춤화되어 수집되기 때문에 과거의 고객 분석과는 차원이 다르다. 본질적 차이에도 불구하고, 국민의 미디어 이용 패턴이 전통 미디어에서 디지털 미디어로 이동되었기 때문에 디지털 콘텐츠를 SNS 등에 게시하는 것만으로 디지털 공공소통이라고 설명한다면 과거 영상, 인쇄물을 전통 미디어에 노출, 발행하는 홍보의 방식과 구분 짓는 것은 불가능하다. 진정한 디지털 공공소통은 국민의 디지털 고객 경험을 높이고 이를 지속함으로써 기관에 대한 충성도를 갖도록 하는 브랜딩에 있다. 여기에서는 정부의 디지털 고객 경험에 대해 설명하고자 한다.

고객 경험을 주도하는 요인을 이해하고 공공 영역에 적용하는 것은 정부 사이트에서는 특히 어렵다. 그 이유는 뭐니뭐니 해도 자원의 한계이다. 모바일 쇼핑몰, 금융서비스, 음식 배달 서비스 앱 등에서 소비자에게 제공하고 있는 디지털 고객 경험을 정부가 국민에게 동일한 수준으로 제공하는 것이 어려운 이유는, 디지털 고객 경험을 설계하기 위해 데이터 수집, 분석, 전략 수립 등 많은 인적, 물적 자원이 소요되기 때문이다. 그리고 정부가 활용할 수 있는 데이터도 일반적으로 불완전하다. 정부가 국민의 디지털 경험에 대한 전체 그림을 설계할 수 있는 수준의 고객 피드백 데이터는 기업이 수집하는 데이터에 비해 부족한 것이 현실이다. 그럼에도 불구하고 정부가 이러한 한계를 극복하고 디지털 고객 경험을 제공해야 하는 것은 미디어에 콘텐츠를 게재하는 소통 활동만으로 의도한 소통 목표를 달성하는 것은 쉽지 않기 때문이다. 디지털 고객 경험을 위한 본질적 디지털 공공소통을 설계하기 위해서는 목표 청중을 인식하여 식별하고, 고객의 여정을 이해하고 분석하여 매핑을 구현, 각 과정에 소통 전략을 접목하는 것이다.

목표 청중 인식

디지털 공공소통 전략 중 소통 목표가 정해지면 (혹은 사후에 정해지더라도) 핵심 청중을 정의해야 한다. 민간기업과 달리 정부기관은 핵심 청중을 정의하는 과정이 다소 다를 수 있다. 정부기관의 청중은 다양한 수준의 교육 수준(리터러시와 같은 차이), 문화적 배경, 연령, 신념체계, (우리나라의 경우는 미국, 유럽 등에 비해 복잡하지는 않지만) 인종 등 많은 요소가 결합된다. 목표 청중에 대한 정보가 많을수록 더 쉽게 소통할 수 있고, 목표하는 행동을 더 잘 유도할 수 있다. 디지털 공공소통은 다양한 청중 그룹을 대상으로 분류하는 과정을 통해 적절한 사람에게 적절한 시간에 적절한 채널에서 적절한 메시지를 제공할 수 있다. 즉, 목표 청중에 따라 소통의 타이밍, 채널, 메시지 등 소통의 핵심 요소들에 대한 전략 방향이 설정되는 것이다.

목표 청중을 정의하고 분석하는 것은 디지털 공공소통의 출발점임에도 불구하고 소통 계획 수립 시 형식적으로 검토되거나 아예 누락되는 경우가 적지 않다. 그 원인은 여러 가지로 추측되는데, 가장 큰 이유는 '소통 계획의 목표 수립과 사후 평가가 이루어지지 않기 때문'으로 보는 것이 합리적이라 생각된다

(이 내용은 이 장의 마지막 부분 '디지털 공공소통의 목표 설정과 평가 체계화' 참고). 기업의 마케팅 활동과 비교하자면, 기업은 디지털 마케팅 전략 수립 시, 목표 청중을 정하고 그들의 미디어 이용 분석 결과를 토대로 가장 효과가 클 것으로 예상되는 전술을 선택하여 마케팅 자원을 투여한다. 기업의 디지털 마케팅 활동은 전환 등의 명확한 목표를 설정하고, 여러 방식의 마케팅 활동 중 성과가 당초 수립한 목표만큼 나타나지 않으면 전술을 수정하고 자원을 재배분한다. 목표 수립과 평가의 과정을 포함한 디지털 마케팅 활동을 지속적으로 수행하기 때문에 기업의 마케팅 담당자에게 있어 목표 청중의 분석은 지극히 당연한 과정이다. 그에 비해, 공공소통은 측정 가능한 구체적 목표 수립이 이루어지는 경우가 많지 않고, 설사 그렇게 하더라도 일정 기간의 소통 활동에 따른 사후 평가가 동반되는 경우는 많지 않기 때문에 목표 청중에 대한 분석이 취약한 것으로 보인다.

목표 청중을 정의하는 일반적인 변수는 나이, 성별, 문화적 배경, 학력 등의 인구통계학적 요인과 성격, 가치, 의견, 태도, 관심 및 라이프스타일 같은 심리학적 요인을 활용한다. 기본적인 요인들의 정보를 가지고 있다고 하면, 이들을 더 잘 이해하기 위한 모든 방법을 동원해야 한다. 디지털 공공소통 캠페인을 통해 그들이 누구이며, 원하는 결과에 어떻게 도달할 것인지에 대한 완전한 그림을 그리기 위해 때론 통찰력을 사용하는 것이 중요하기도 하고, 조사를 실시하는 것도 고려해 볼 만하다.

별도의 연구 의뢰나 정부가 사용 가능한 데이터 또는 공개된 정보로 활용할 수 있다. 종종 특정한 소통 캠페인의 목표 집단이 하나이지만 여러 세부 그룹(세그먼트)으로 구분되는 경우도 있는데, 목표 청중에 대한 풍부한 그림을 작성하려면 서비스를 제공하는 핵심 세그먼트에 대한 거시적 수준의 분석이 필요하고 더 넓은 그룹 내 대표 개인의 특성, 행동, 요구 및 신념에 대한 미시적 수준의 분석도 필요하다. 정부에서 운영하는 도서관을 예로 들어 보자. 커뮤니티 도서관에는 서비스에 대한 다양한 능력, 요구 및 기대감을 가진 다양한 연령대의 고객이 있다. 어린이용 책과 어린이를 돌볼 수 있는 공간이 필요한 어린 자녀를 둔 부모 집단, 조용하고 평화롭게 책이나 신문을 읽고 싶어 하는 노인 집단, 공중화장실을 이용하거나 인터넷을 사용하거나 잠시 쉴 수 있는 시원한 곳을 원하는 집단 등의 그룹이 있을 것이다. 소통의 목적에 따라 커뮤니케이션의 목표 청중에 해당하는 그룹을 구분해야 한다. 디지털 사용에 관한 분석의 경우라면, 사용자가 기존 웹사이트에 어떻게 방문하는지, 어떤 장치를 사용하고 무엇을 검색하는지, 콘텐츠에 액세스하는 방법과 가장 관심이 있는 콘텐츠를 이해하는 것이 중요하다. 목표 청중을 이해한다는 것의 의미는 공공소통을 위해 다음의 질문에 답하는 과정으로 생각하는 것도 이해를 돕는 데 유용할 것이다. "캠페인은 누구를 대상으로 하는가?" "기관의 소통 목표를 달성하기 위해서는 그들의 태도와 행동을 바꾸거나 영향을 줄 필요가 있는가?" "캠페인을 통해 변화시켜야 할 목표 집단의 태도와 행동의 장애 요인은 무엇인가?" "목표 집단은 어떤 경로를 통해 정보를 획득하는가?" "목표 집단의 태도와 행동에 영향을 미칠 수 있는 콘텐츠는 어떤 것인가?"

고객 접점 포인트와 고객 여정을 고려한 공공소통

디지털 공공소통의 주요 개념에 대한 정의를 몇 가지 짚고 넘어가자. 고객이 브랜드와 상호작용을 하게 되는 과정을 접점(touchpoints), 고객이 브랜드와 상호작용을 하며 겪는 경험의 총합을 고객 여정(journey)이라고 정의한다. 고객 여정 지도(customer journey map)는 고객 여정을 시각화한 것이다. 건물에 대한 첫인상부터 직원과 대화하거나 서비스를 받는 것, 소셜 미디어, 이메일, 라이브 채팅 및 고객이 사용할 수 있는 기타 모든 채널을 통해 브랜드에 대해 갖는 모든 경험과 고객이 유발하는 정서를 설명한다. 고객 구매 여정(Consumer Decision Journey)을 처음으로 제시한 컨설팅회사 맥킨지(McKinsey, 2015)는 기존의 고객 구매 여정이 웹, 모바일 등을 통해 브랜드와 접촉하는 모든 상호작용을 고려하지 않기 때문에 디지털 시대의 소비자를 반영하는 고객 경험을 나타내기에 적합하지 않다고 설명한다. 실제로 웹 페이지나 앱은 사용자에게 많은 상호작용 지점을 제공하며, 브랜드 평판과 커뮤니케이션 과정에 매우 중요한 변수로 작용한다.

다음의 가정을 해 보자. 대학 시험에 합격한 20대 남성 A군은 병역의 의무를 이행하기 위해 군 입대 시점을 고민하고 있다. 군 입대 이전 신체 검사를 통해 본인의 입영 가능 여부, 현역, 보충역, 병역면제 등의 조건에 대해 궁금증을 갖게 되었다. 그는 친구, 가족과 상의하거나 관련 기관인 병무청에 전화문의나 병무청 홈페이지를 탐색하는 방법, 그리고 병무청을 직접 방문하는 여러 조합을 병행할 수 있다. 앞의 열거된 A군이 찾는 각각의 경로가 앞선 정의에 따르면 개별 접점(touchpoints)이 되는데, 상술하면 해당 사업 부서, 콜센터를 비롯한 민원 전담 부서의 모든 접촉자, 직접 방문 시 건물 또는 주차장 같은 물리적 상호작용, 여러 미디어에 노출된 정보 광고, 공식 계정을 비롯한 모든 커뮤니케이션이 모두 해당한다. 이 각각의 접점을 모두 묶어서 여정(journey)으로 정의하고 A군의 사례는 '정보 탐색 여정'이라는 이름으로 그룹화가 가능하다. 사실, 민간기업은 고객 여정에 대한 고객 경험의 측정과 만족도 등 비지니스 결과를 훨씬 더 잘 예측할 수 있는데 비해, 정부기관의 고객 여정 측정은 데이터 접근, 예산 부족, 인식 부족 등으로 가장 큰 어려움일 수 있다(예를 들어, 'A군이 병무청 콜센터에 전화한 긍정적 경험과 홈페이지에서 정보 검색 경험 시 가진 부정적 경험'을 종합화하여 정보 탐색 여정을 제대로 이해하는 것).

디지털 공공소통에 있어 여정 분석을 통한 접근법은 기관이 디지털 공공소통에 대한 여러 가지 시사점을 제시한다. 무엇보다 기관별 차별적인 소통 의제에 대한 근거를 제공한다. 디지털 공공소통의 주체가 기관이 아닌 고객인 국민에게 있다는 것을 진정으로 인지한다면, 소통의 핵심 의제, 소통 전략의 방법은 모두 목표 청중 인식에서 출발해야 한다. 기관 고유의 사무에 대한 국민의 만족도와 국민이 지각하는 중요도에 대한 분석 자료를 보면([그림 3-7] 참조) '문제점이나 의문 사항을 해결하는 것(resolving a problem or question)'이라는 동일 여정에 대해 미국특허청(US Patent and Trademark Office)과 미국연방재난관

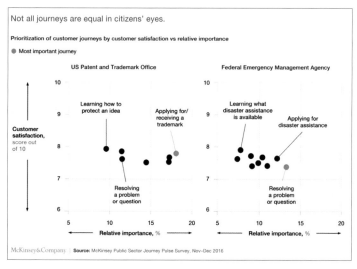

[그림 8-3] 미국 연방 기관 두 곳의 고객 여정 분석 자료

출처: Mckinsey (2018).

08 디지털 공공소통 전략

리청(federal emergency management agency)에 대해 만족도와 중요도가 다르게 나타나고 있음을 확인할 수 있다. 즉, 동일한 여정이라 하더라도 국민의 눈높이에서 보면 기관별로 소통 의제로서의 중요도가 다르다는 것이다(Mckinsey, 2018).

같은 맥락에서 기관이 제공하는 서비스 전반에 걸쳐 고객의 인식을 바탕으로 기관 내에서 소통 의제에 대한 우선순위를 정하는 데도 유용하다. 예를 들어, 특허청은 국민의 상표 출원 경험을 가장 중요하게 생각할 수 있으나, 이용자인 국민은 특허 침해에 대한 권리 문제를 해결하는 경험에 대해 더 깊은 관심을 가질 수 있다. 이 경우 소통 의제에 대한 우선순위, 홍보 예산 투여 등에 대한 판단을 고려할 수 있다. 그리고 차별적 소통 계획 수립이 자연스럽게 이루어지게 된다. '상표 출원의 여정'과 '특허 침해에 대한 권리 문제 해결의 여정'은 서로 다른 접점을 가지고 있을 수밖에 없고, 이는 고객의 니즈가 다르다는 것이다. 니즈를 충족시킬 수 있는 소통의 포인트는 당연히 다르다. 따라서 정부기관이 소통 의제에 대해 여정과 관계없이 차별화되지 않는 소통 계획을 관성적으로 수립하는 관행을 개선할 수 있다. 가장 중요한 영역에 초점을 맞추고 접점에 대한 데이터를 수집, 분석함으로써 기관은 더 광범위하게 고객 경험을 개선하기 위해 관심과 자원을 효율적으로 배분할 수 있게 된다. 또한 디지털 소통의 세부적 전술 계획 수립에도 영향을 미칠 수 있다. 예를 들어, 국세청에 연말정산 신고를 해야 하는 국민은 정산의 각 항목에 대해 제출 자격 가능 여부와 필요한 추가 서류를 제출하는 데 가장 신경을 쓸 것이다. (예시임을 감안하길 바라며) 국세청이 직면한 문제는 일반적으로 연말정산과 관련하여 비정부 채널을 통해 제3자가 제공하는 정보에 국민의 접점이 더 많다면 고객 경험 여정의 이 구간이 통제가 어려울 것이다. 이 경우에는 디지털 콘텐츠를 공식 채널에 직접 게시하는 것과 함께 민간 포털 등에서 키워드 검색 시 상위에 정보가 노출되는 제3자와의 홍보 협업을 연대하는 방법이 있다. 단순히 인지도, 지명도가 높아서 선택하는 것이 아니라, '여정 상에서 나타나는 취약점을 분석하고 이를 해결하기 위한' 접근에 따라 협업의 대상이 달라질 수 있다.

고객 여정은 국민의 관점에서 정의된 최종 경험(end-to-end)의 집합으로 이러한 여정을 매핑하고 그 중요성을 이해하는 것은 고객 경험을 개선하기 위해 제시된 모든 방법에 필수적이다. 정부부처의 커뮤니케이션 담당자는 고객 여정 매핑과 관련하여 다양한 고려사항이 있지만 일반적으로 다음의 핵심 영역에 중점을 두어야 한다.

첫째, 접점(touchpoints)을 발견하는 것이다. 기관의 웹사이트, 의견을 남길 수 있는 곳, 국민이 기관과 접촉할 수 있는 방법, 기관이 제공하는 가치에 대한 정보를 수집할 수 있는 모든 경로가 포함된다.

둘째, 접점에 고객이 어떻게 느끼고, 현재 서비스나 프로세스 혹은 커뮤니케이션 제안에 어떻게 반응하는지를 식별할 수 있어야 한다. 고객 여정 내에서 그리고 고객 여정 전반에 걸쳐 국민은 서비스를 원하는 방식에 대해 특정한 선호도를 가지고 있다. 서비스는 신뢰할 수 있는지, 정보와 접근은 투명하게 운영되는지, 쉽게 이용할 수 있는지 등의 '경험 동인'은 특정 상황에 따라 전반적인 만족도에 상당한 영향을 미치거나 전혀 영향을 미치지 않을 수 있다. 소통 목적에 고려되는 주요 동인의 상대적 중요성을 이해하고 명확히 하면 디지털 경험을 개선하기 위한 내부 및 외부 노력을 명확히 하고 집중하는 데 도움이 될 수 있다.

셋째, 의사 결정 지점을 식별하는 것이다. 이 지점은 고객이 자신의 경험에 만족하는지 또는 불만족하는지 평가하기 위해 일시 중지하는 핵심 지점으로 이 시점을 식별하는 주된 이유는 고객이 이 지점을 피하게 하거나 의사 결정 프로세스에서 제거하는 방법(즉, 계속 사용하게 만드는)을 찾는 것이다. 이 지점은 커뮤니케이션 주체가 달성하고자 하는 것을 방해하는 걸림돌과 같은 것이다. 매우 나쁜 특정한 한 사건만으로도 목표 청중의 기관에 대한 전반적인 인상을 깊게 만들 수 있다. 그러한 부정적인 결정적 순간이 언제, 어디서 발생하는지 식별할 수 있다면 기관 브랜드 이미지에 큰 영향을 미치는 디지털 공공소통의 개입을 활성화하는 데 도움이 될 수 있다.

넷째, 고객 경험 기반의 디지털 공공소통을 지속하고 이를 경험으로 축적하는 것이다. 고객의 접점, 반응, 의사 결정 지점에 대한 이해도를 테스트하는 과정을 실천에 옮겨야 한다. 정책별 기관의 접점은 무엇인가? 건물에 대한 첫인상, 직원의 행동 방식, 정보가 제공되는 방식 등에 대해 생각해 보고, 접점에 기반을 둔 기관의 소통에 대해 어떻게 반응하는가? 각각의 접점에 대한 의사 결정 지점은 무엇인가? 목표 청중이 머무르거나 떠나는 것을 선택하게 하는 요인은 무엇인가? 이런 모든 과정에서 나타나는 국민의 반응과 인사이트를 축적하고, 전략을 수정해 가는 과정을 지속해 나가야 한다.

아쉽게도 특정 정책에 대해 목표 청중인 국민의 고객 의사 결정 여정을 매핑하는 디지털 소통 전략의 완벽한 사례를 찾기는 어렵다. 그럼에도 불구하고 정책 서비스의 제공에 있어 디지털 고객 여정에서 나타난 문제점(pain points)을 파악하고, 문제해결을 위한 디지털 고객 경험을 개선하였던, 디지털 소통을 이해할 수 있는 최근 국내 사례를 살펴보자. 행정안전부는 2021년 3월 코로나19 백신 접종과 행정정보 7종을 개인별로 맞춤화한 국민비서 서비스를 출시하였다. 인공지능(AI) 기술 기반으로 문자메시지, 카카오톡, 네이버 등 민간 채널을 통해 정보를 안내받고 서비스 신청, 수수료 납부 등의 업무가 가능한 통합서비스 설루션이다. 다른 행정서비스에 대해 경험한 사람은 많지 않아도 최소한 백신 관련하여 국민비서를 접한 독자는 많을 것이다. 국민비서 서비스를 신청하였다면 '접종 전에는 사전 안내 메시지, 접종 당일에는 주의 사항 안내, 접종 3일 뒤에는 이상반응 대처 방안'을 안내받은 경험이 있을 것이다. 행정안전부가 2021년 3월 국민비서 백신 접종 알림서비스를 시작한 이후 접종 안내를 받은 국민은 10월 기준 약 4007만 명으로 집계되었고, 문자 발송 건수는 2억 5561만 1110건에 달한다고 한다(류인하, 2021).

여기에 그치지 않고 국민비서 서비스는 영역을 더 확장한다. 9월 13일부터 보건복지부에서 주관하는 생계, 의료, 주거, 교육 급여 및 기초연금, 장애인연금, 한부모 지원 등 소득 재산 조사를 실시하는 15개 복지 사업인 '맞춤형 급여 안내(복지 멤버십)'를 별도의 가입 절차 없이 서비스를 제공받을 수 있는 기존 수급자, 수급희망이력관리제 신청자 및 신규 신청자 등 약 490만 명의 정책 대상인 국민에게 소득, 재산 상황을 분석해 수혜 가능한 복지서비스를 제공하기 시작했다(김예나, 2021). 이뿐만 아니다. 2021년 9월 코로나19 상생 국민지원금을 지급하기로 정부가 발표하였는데, 지급 대상이 전 국민이 아닌 특정 비율로 정해져 있었기 때문에 가장 먼저 지급 대상에 대한 혼선이 일부 지적되었다. 이에 국민비서를 통해 지급대상자 여부 확인, 지급 금액, 신청 기간과 방법, 사용 기한, 사용 가능 지역 등 국민지원금 관련한 전반적 내용이 선제적으로 제공되었다(박사라, 2021).

국민비서 서비스는 면밀한 고객 분석을 통해 고객 접점을 발굴, 여정을 설계하고 각각의 과정에 소통을 접목하였다기보다

[그림 8-4] 목표 집단의 디지털 여정을 구현한 국민비서

출처: 국민비서 홈페이지

는, 특정 정책의 실효성을 높이기 위해 대국민 소통과 기대하는 행동 변화의 참여를 국민비서의 프레임워크에서 구현한 종합 설루션으로 보는 시각이 더 합리적일 수 있다. 하지만 '소통을 미디어를 활용한 콘텐츠 제작과 발행'의 제한된 범위로 인식하는 것을 넘어 국민의 양방향적 참여를 설계하였다는 점에서 높게 평가해야 한다. 특히 보건복지부의 맞춤형 급여 안내는 각각의 복지 사업을 홍보물로 제작해서 알리는 각고의 노력에도 불구하고 어쩔 수 없이 발생하게 되는 '정보의 사각에 있는 국민'의 범위를 최소화하였고 기존 수급자와 신규 신청자의 목표 집단을 명확하게 식별하는 놀라운 사례라고 생각한다.

또 다른 사례를 살펴보자. 코로나19의 확산 방지를 위해 국민 누구나 무료로 검사를 받을 수 있는 임시선별검사소가 전국 곳곳에 지방자치단체의 노력으로 설치되었다. 수요를 정확하게 예측하기는 어려운 여건 때문에 특정 지역의 임시선별검사소는 인근의 수요까지 몰리며 하루 1000명 가까운 검사가 진행되어 대기 시간이 3시간을 넘는 경우도 있었다(김현주, 2021). 특정 선별진료소에 사람이 몰리고, 다른 곳은 대기가 없는 경우가 많아 신속하고 안정적인 검사가 위협받았고, 대기가 많은 진료소 종사 의료인의 피로가 가중되었다. 서울시는 2021년 7월 12일부터 서울 시내 선별진료소와 임시선별검사소의 혼잡도를 확인할 수 있는 스마트서울맵 서비스를 시작하였다. 별도의 프로그램 설치 없이 스마트폰에 주소를 입력하면 선별진료소의 위치에 '▲혼잡 ▲붐빔 ▲보통'의 등급으로 혼잡도 현황이 표시되고, 주소, 운영시간 등을 상세히 안내함으로써 시민이 가장 빨

[그림 8-5] 선별진료소 혼잡도를 개선한 스마트서울맵

출처: 스마트서울맵 홈페이지

리 받을 수 있는 검사 장소가 확인되었고, 검사 수요가 분산되고 대기 시간도 줄어드는 효과와 함께 현장 인력들의 전화 문의도 줄어드는 것으로 나타났다(김현주, 2021). 스마트서울맵은 코로나19 검사를 받으려는 목표 국민의 여정에서 나타나는 문제점인 대기 시간을 해결하기 위한 의사 결정 과정 개선의 우수한 사례라 할 수 있다.

정부의 서비스는 범위가 방대하고 국민의 삶에 영향을 미친다. 정부가 제공하는 서비스를 잘 실행하면 쉽게 참여할 수 있어 국민의 만족도를 높이는 동시에 비용도 절감할 수 있다. 하지만 최악의 경우 모든 사람에게 서비스 여정이 파편화되고 비용과 시간이 많이 소요될 수도 있다. 고객 여정 매핑을 활용한 고객 경험을 높이는 서비스 지향의 마인드와 프로세스가 디지털 소통의 체계에 도입된다면, 사용자의 요구와 경험을 철저히 이해함으로써 특정 정책의 이용과 심지어 정책 제안에 훨씬 더 나은 통찰력을 제공할 수 있다. 정부 내에서 효율적인 디지털 고객 경험과 브랜딩 개념의 디지털 공공소통으로 확장하는 것은 이해 관계자의 동의 부족, 새로운 업무 범위와 방식에 대한 저항 또는 기타 문화적 단절이 있을 수 있기에 항상 쉬운 일이 아니다. 그럼에도 불구하고 디지털 공공소통의 본질인 고객 참여와 공감을 유도하고 의사 결정자와 일선 직원 간의 의사소통을 개선할 수 있으며, 정책 홍보의 효율성 개선에 전반적으로 긍정적인 영향을 미칠 수 있다. 소통에 필요한 접점을 분석한 후, 접점에 따른 소통 전략을 설계하는 일련의 과정을 일회성에 그치지 않게 지속하는 것이고, 브랜드 미션 등 상위 전략의 연장선에서 일관된 기관 고유의 브랜드 경험을 제공하는 것이다. 다만, 디지털 공공소통의 관점에서 국민의 고객 의사 결정 여정 모델에 관해 연구와 실무적 사례가 많지 않다. 이에 대해서는 디지털 공공소통 관련 전문가, 종사자들이 함께 모여 협업하는 기회가 만들어져야 한다.

브랜딩을 위한 공공 디지털 콘텐츠 전략

정부를 비롯한 많은 공공기관은 홍보 활동을 위해 콘텐츠를 활용하고 있다. 공공 영역도 국민의 이용이 높은 플랫폼에 공식 개정을 개설하는데, 점점 더 많은, 어쩌면 대부분의 기관이 복수의 SNS 채널을 직접 운영하면서 영상, 디자인 등 다양한 형태의 콘텐츠 제작은 더욱 활발해지고 있다. 디지털 플랫폼에는 공공과 민간 영역을 망라하여 무수히 많은 양의 콘텐츠가 제작, 발행되기 때문에 이용자들의 주목을 받기가 무척 어려운 상황이다. 특히 공공 영역은 콘텐츠와 관련한 여러 가지 제약조건이 민간기업에 비해 훨씬 많기 때문에 콘텐츠 경쟁력 차원에서는 불리한 여건임을 부인하기 어렵다. 그럼에도 불구하고 부처나 공공기관의 디지털 소통 파트는 직접 혹은 외부 협력회사를 통해 국민의 관심을 얻기 위해 다양한 콘텐츠를 제작하고 있는데, 드물기는 하지만 상당한 조회 수나 이용자들에게 회자되는 경우가 있다.

공공 영역 디지털 콘텐츠에 대한 논의는 주로 조회 수를 높이는 경쟁력 방안, 이를테면 유희성, 공유 가능성 등을 염두에 둔 콘텐츠 기획에 집중되는 경향이 있다. 유명인의 이용, 다양한 실험, 파격적인 언어 구사, 예산의 차이 등으로 민간 영역의 콘텐츠와의 경쟁에서 공공 영역의 콘텐츠가 더 주목받을 혁신

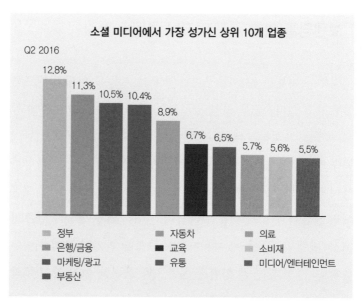

[그림 8-6] 소셜 미디어 계정 유형 중 가장 성가신(annoying) 업종 1위가 정부로 나타난 조사자료

출처: Sprout Social (2016).

적인 성공 문법을 찾기란 매우 어렵다. 게다가 공공 영역의 소셜 미디어에 대해 불편함을 느낀다는 조사 결과도 있어 동일 플랫폼에서의 경쟁을 한층 어렵게 한다(Sprout Social, 2016).

디지털 공공소통의 중요성이 점차 고조되는 상황에서 어떻게 공공 영역은 콘텐츠 전략을 꾸려 가는 것이 현명할 것인가에 대한 답을 진지하게 성찰해야 한다. 첫째는 공공 영역이 민간 영역과 확연히 구분되는 고유한 의제의 콘텐츠 기획을 강화하는 것, 둘째는 브랜딩에 기반을 둔 디지털 채널 운영 전략을 수립하는 꾸준한 채널 운영으로 설명하려 한다. 두 과제 모두 핵심적인 것은 디지털 공공소통의 기초가 되는 '양방향적 구조를 마련'하는 것이라는 점을 미리 언급한다.

공공 영역만의 고유한 의제를 최대한 활용

공공 영역이 더 집중해야 할 것은 고유한 콘텐츠 전략 방향에 대한 검토이다. 이를 위해 우선 공공 콘텐츠가 다루는 공공 의제의 가치를 살펴볼 필요가 있다. 환경, 교통, 보건, 평화, 외교, 안전 등 공공 영역의 주요 의제는 국민의 삶에 지대한 영향을 주는 요소로 민간 영역과 가장 뚜렷하게 구분되는 가치이다. 비록 기업의 공익적 목적의 커뮤니케이션 활동이 과거부터 있어 왔지만 기업의 활동은 브랜드 이미지를 위한 목적이 강해 실제 문제해결을 위한 공공의 목적과는 비교 불가한 측면이 있다. 국민의 삶에 직결되는 중요한 모든 의제에 대해 정부는 국민을 위해 근본적인 고민을 하고 대책을 모색하며 그 과정과 결과를 국민과 소통한다. 비록 디지털 공공소통의 과정에서 유희성이 떨어져 다른 분야의 콘텐츠에 비해 덜 주목받는다 하더라도 이 의제의 중요성은 누구도 부인할 수 없다. 디지털 공공소통의 관점에서 보자면, 공공 영역의 종사자는 중요한 의제를 다루는 것에 대한 엄정함과 자긍심을 가지면서 동시에 효과적으로 전달할 수 있는 방법을 끊임없이 연구하는 것이 바람직하다. 공공 의제의 소통은 '태도, 인식, 행동 변화' 등을 목표로 두는 경우가 많은데, 디지털 공공소통의 시대에 하지 말아야 표현 방식은 '일방적으로 설명하고 변화하기를 강요하는' 것이다. 그리고 자발적 공유를 늘리기 위해 단순하게 유희성을 부각하는 콘텐츠도 지양해야 한다.

공공 의제를 디지털 공공소통으로 다루는 콘텐츠의 접근은 '기획자가 기대하는 변화를 방해하는 요인을 찾아내고 이 요인을 제거, 감소시켜 최대한 문제해결에 근접하려는 창의적 노력'을 기획의 방향으로 두고, '목표 청중이 소통 과정에 참여할 수 있는 양방향적 장치(마이크로사이트, 소셜 플랫폼 등)를 마련'하며, '콘텐츠 노출을 통해 일반 대중도 공유 욕구를 느끼도록 하는 요소'를 반영하는 것이 최상의 방식이라고 생각한다.

관련 사례를 살펴보자. 호주에서 기획된 디지털 콘텐츠를 소개한다. 고속도로에서 운전을 하게 되면 종종 섬뜩한 문구가

08 디지털 공공소통 전략

있는 포스터를 보게 된다. '졸음 운전'의 위험성을 알려 운전자들이 주기적으로 휴식을 취하게 만드는 목적에서 제작된 것으로 유추할 수 있다. 우리나라의 직접적이고 위협 소구를 활용한 콘텐츠와는 다소 차별적인 호주의 사례이다. 호주의 유명한 고속도로에서 발행하는 사망자의 30% 역시 운전자의 피로 때

[그림 8-7] 한국 고속도로의 '졸음 운전' 관련 홍보물

출처: 구글 이미지

문이라고 분석되었고, 호주 정부는 2시간마다 휴식을 권하는 홍보를 진행하였지만 여전히 개선되지 못하였다고 한다.

호주 정부의 기획자들은 운전자가 쉴 수 있도록 긍정적 동기부여를 고민하였고, 해당 도로가 빅토리아 스키장을 오가는 호주에서 가장 아름다운 도로 중 하나라는 사실에 착안하였다. 소셜 미디어 검색을 통해 도로상의 가장 잘 알려진 24곳의 아름다운 장소를 선정하고 적당한 위치에 선정된 지역을 소개하는 옥외 광고판을 설치하였다. 운전자들이 쉽게 발견할 수 있는 옥외광고물은 조금만 더 가면 아름다운 곳이 있으니 휴식을 권유하는 촉매의 역할을 하였고, 단순히 옥외광고물 제작에 그치지 않고, 별도로 제작된 홈페이지(마이크로사이트)를 통해 24개의 휴식 지점을 모아 두고, 이용자들이 온라인을 통해 스

[그림 8-8] 캠페인을 위해 제작된 옥외광고물

출처: https://joesibley.com/tac-breakpoint

08 디지털 공공소통 전략

[그림 8-9] 캠페인을 위해 제작된 옥외광고물

출처: https://joesibley.com/tac-breakpoint

스로 여정을 계획하도록 권유하였다.

　운전자들은 아름다운 여러 곳의 휴식 지점을 선택하여 해당 국도를 지나가는 이동 경로를 자발적으로 맞춤화하기도 하였다. 이뿐만 아니라 목표 청중이 생각하는 아름다운 휴식 지점을 스스로 업로드할 수 있는 양방향 체계를 구축하였는데, 기존에 고려된 24곳 외에 자신만의 휴식 지점을 찾아서 인스타그램 개인 계정에 올리는 자발적 확산이 시작되었다. 기획자들은 이용자가 스스로 업로드한 아름다운 휴식 지점을 선별하여 도로에 옥외광고물을 다시 설치함으로써 당사자를 포함한 많은 이용자에 대한 진정한 소통을 하고 있음을 보여 주었다. 무엇보다 디지털 공공소통을 통한 노력은 콘텐츠 확산에 머물지 않고, 운전자들의 행동 변화를 유도함으로써 83%의 사망자가 줄

[그림 8-10] 운전자들이 자발적으로 개인 인스타그램 계정에 올린 휴식 지점

출처: https://joesibley.com/tac-breakpoint

어드는 효과를 나타냈다(캠페인 영상 설명).

다음은 인도 정부의 디지털 콘텐츠 사례이다. 인도에서 여성 유방암은 10만 명 인구 기준 25.8명의 진단, 12.7명의 사망률을 보이는 대표적 여성 질병이고, 인식 부족으로 조기 진단의 중요성이 알려지지 않았다고 한다(캠페인 영상 설명). 정부는 자가 진단의 중요성과 진단하는 방법에 관한 영상을 확산할 필요성을 느꼈고 이를 디지털 콘텐츠로 제작한 사례이다. 인도에서는 가부장적인 사회 분위기로 남성 의사에게 여성들이 유방암의 상담하기를 꺼려하고, 가족 내에서 언급되는 것도 부담스러워하는 주제라고 한다. 결국 여성 스스로 필요성을 자각하고 진단하는 방법을 깨닫는 것이 캠페인의 목표가 되었고, 모바일 기기를 통해 드라마 등의 콘텐츠를 남성들보다 훨씬 많이 이용

[그림 8-11] 모바일 기기를 이용하여 콘텐츠를 시청하는 동안 발생하는 기존의
버퍼링 기호(왼쪽)와 유방암 자가 진단을 권유하는 새로운 기호(오른쪽)

출처: https://www.youtube.com/watch?v=1l1dyMZNaAs

하는 목표 청중인 성인 여성들의 행동 패턴에 대한 분석 결과
가 도출되었다. 인터넷 속도가 느린 인도의 인프라 탓에 콘텐
츠를 보는 동안 잦은 버퍼링이 발생하는데, 캠페인 기획자는
버퍼링이 발생하는 동안 대표적 기호인 화살표가 원형을 그리
는 이미지를 유방암의 자가 진단과 동일하다는 인사이트에 착
안하여 창조적인 심볼로 대체하였다. 심볼 옆에는 유방암 자가
진단을 권유하는 메시지와 상세한 영상과 방법이 소개된 마이
크로사이트가 안내되었다. 2분 정도의 소개 영상과 자가 진단
의 순차적 방법이 쉽고 직관성 높게 설명되었다.

　인도의 유명 여배우, 여성 연출자 등 셀럽들은 적시에 행동을
취하도록 기획된 놀라운 디지털 공공소통 콘텐츠를 지지하였
고, 더 많은 여성이 참여하도록 독려하여 자발적으로 조력하는
역할을 수행하였다. 결과적으로 캠페인 시작 3주 만에 240만 명
의 여성에게 도달하였고, 마이크로사이트에 게시된 자가 진단
지침 안내 영상은 260만의 시청을 기록하였다(캠페인 영상 설

명). 유방암에 대한 여성들의 인식을 돕기 위한 목표로 시작되어 예방적 자가 관리에 대한 행동 변화를 기대할 수 있었다. 유방암 예방 차원을 넘어 캠페인의 장애요인이었던 '스스로를 돌보는 것'에 대해 문화적 편견에 대한 경각심을 높이고 여성에 대한 존중의 가치를 높이는 역할, 오랫동안 금기된 주제를 독특하고 창의적인 방식으로 화두를 던지고, 편견과 걸림돌을 개선한 우수한 디지털 공공소통 사례로 평가받고 있다.

마지막으로 북아메리카 최남단 파나마의 디지털 콘텐츠를 소개한다. 파나마 수도의 일반 도로에서 발생하는 빈번한 교통사고 원인으로 오토바이가 지목되었다. 자동차가 달리는 차선과 옆 차선 사이에는 오토바이가 들어갈 만한 공간이 생기기 마련인데, 운전자들이 차선을 넘어 차와 차 사이의 공간에서 주행하는 경우가 많았고, 이 습관은 잦은 사고를 유발하는 원인으로 파악되었다(캠페인 영상 설명).

[그림 8-12] 차선을 넘어 자동차 사이로 운전 중인 오토바이 운전자

출처: https://www.youtube.com/watch?v=14rAVj8T6RE

08 디지털 공공소통 전략

[그림 8-13] 자동차의 좌우 문에 설치된 제작물

출처: https://www.youtube.com/watch?v=14rAVj8T6RE

오토바이 운전자들의 나쁜 주행 습관은 그들의 생명과 다른 운전자에게도 큰 위협이 되었고, 정부는 오토바이 운전자들에게 '(그들이 만들어 다니는) 이 길은 차선이 아니다(this is not a lane)' 콘텐츠를 제작하여 운전자들의 행동을 변화하기 위한 캠페인을 기획하였다. 캠페인 아이디어는 간단하다. 오토바이 운전자들이 차량 사이로 다니는 운전 습관에 착안해, 자동차의 좌우 문 옆에 운전자가 쉽게 무시할 수 없는 표지판을 설치하

[그림 8-14] 레거시 미디어에 소개된 디지털 콘텐츠

출처: https://www.youtube.com/watch?v=14rAVj8T6RE

였고 오토바이가 지날 때는 막혀서 지나가기 어렵기도 하며 동시에 '차선이 아님을 설명'하는 정보에 노출되게 하여 안전한 운전을 유도하도록 하였다.

캠페인의 미디어적 효과는 대단하였다. 종종 디지털 캠페인이 레거시 미디어를 통한 확산으로 성과를 내는 경우가 많은데, 이 캠페인 역시 창의적 아이디어에 대한 호평을 언론에서 다룸으로써 이 내용이 다시 디지털 채널로 재확산되는 선순환의 성과를 기록하였다.

브랜딩에 기반을 둔 디지털 채널 콘텐츠 제작

디지털 공공소통 콘텐츠를 모두 앞의 예시처럼 만들기는 어럽다. 의제마다 인식, 태도, 행동의 변화가 매번 구체화되기 어려운 면도 있고, 세간의 주목을 끌 만한 창의적 캠페인을 지속적으로 기획하는 것도 만만한 일이 아니기 때문이다. 물론 지속적으로 역량을 강화하고 최신 트렌드 학습 등을 통해 기획의 과정을 체득화함으로써 우수한 디지털 공공캠페인이 많이 만들어지길 기대한다. 특정한 목적을 위해 캠페인형 콘텐츠와 별개로 각 기관은 보유 중인 디지털 채널을 운영하기 위해 하루에도 여러 개의 디지털 콘텐츠를 제작한다. 이번에는 기관 브랜드에 기반을 둔 디지털 채널 운영 전략과 콘텐츠 제작에 대해 설명하려 한다.

공공 영역의 콘텐츠가 민간의 것에 비해 노출의 가능성이 적다는 것은 이미 충분히 설명하였고 인지하고 있을 것인데, 앞에 예시한 사례들과 달리 일상적인 콘텐츠가 목표 청중에 도달하는 것은 더욱 어렵다는 것을 자각해야 한다. 이 한계의 극복에 대한 고민의 해답은 브랜드에 있다. 정부기관의 디지털 채널은 유튜브의 경우 적게는 1만 명대, 많게는 20만 명 이상의 구독자를 보유하고 있고, 페이스북을 비롯한 나머지 채널의 경우에도 10만 이상의 구독자를 확보한 경우도 적지 않다. 정부 소셜 미디어의 장점은 정확하고 신뢰할 수 있는 정보를 제공할 수 있다는 것이고, 이에 대한 믿음을 갖는 구독자가 이미 존재한다는 것이다. 비록 콘텐츠의 조회 수, 반응은 약하지만, 구독자 수는 상당한 수준으로 볼 수 있다는 점에서 구독자의 구독에 대한 이유를 브랜드에서 찾아야 하고 폴로어(follower)의 관심을 끄는 동시에 참여를 장려하는 콘텐츠를 게시하는 것으로 채널의 정체성과 콘텐츠의 방향성을 가져가야 한다. 몇 가지 팁을 정리하면 다음과 같다.

첫째, 빠른 뉴스와 최신 업데이트의 출처가 되어야 한다. 아직은 비록 보도자료가 나옴과 동시에 디지털 채널에 게시되거나 혹은 더 늦게 발행되는 안타까운 상황이지만, 정부 소셜 미디어 계정의 가장 크고 분명한 역할은 신뢰 있는 정보의 자료원 역할을 하는 것이다. 지방 정부의 경우라면 특정한 이벤트, 도로 폐쇄, 기타 빠른 속보 등 지역 커뮤니티에 가장 신속하게 알려 줄 수 있는 브랜드 채널로 포지셔닝해야 한다. 특정 목표 집단 혹은 일반 대중에게 이야기하든 국민은 정부의 의견을 듣기 위해 폴로(follow)할 가능성이 높다는 점을 유의할 때, 뉴스는 정부 계정 콘텐츠 전략의 초석이 되어야 한다. 이미 언론에 보도되어 버린 뉴스를 한참의 공을 들여 디지털 콘텐츠로 제작하는 것은 지양해야 한다. 다시 말하지만, 정부의 소셜 미디어는 정보 제공과 국민, 지역사회를 돕는 데 중점을 두어야 한다. 소셜 미디어가 얼마나 빨리 움직이고 소문이 퍼질 수 있는지를 감안할 때 정부 계정은 다른 곳에서 주장한 사실을 확인하려는 추종자들에게 중요한 출처 역할을 한다는 것이다.

둘째, 국민의 질문과 우려에 대해 응답해야 한다. 소셜 미디어를 통한 디지털 공공소통은 일방향의 목적에서 운영되는 것은 아닐 것이다. 소셜 미디어는 정부가 국민과 교류할 수 있는 공개된 포럼의 장, 여론 수렴의 장이 될 수 있다. 예를 들어, 트위터, 페이스북, 인스타그램 등의 플랫폼을 콘텐츠를 제작하여 배포하는 일방향의 미디어로 한정하여 활용할 것이 아니라, 이메일, 전화 통화, 혹은 대면 회의에 대한 적절한 대안으로 국민이 직접 정부 공무원을 쉽게 접근할 수 있도록 하는 것도 고려할 수 있다. 정부의 소셜 미디어 계정은 정부가 보다 투명해지는 중요한 수단이 될 수 있다.

셋째, 기관, 직원, 사무실 등의 의인화를 통한 브랜드를 시도할 필요가 있다. 성공한 많은 소셜 미디어 계정은 운영자가 인간적인 면을 보여 줌으로써 대중의 공감을 얻은 경우가 많다. 정부의 이미지를 떠올릴 때 딱딱한, 공식적인 분위기를 연상하기에 오히려 인간적인 면모를 보여 주는 것은 구독자 확대와 콘텐츠 반응을 높일 수 있다. 물론 이것이 가능하기 위해서는 정부 콘텐츠에 대한 내부 센서십의 완화, 담당자의 발행 재량에 대한 과제가 선결되어야 한다.

넷째, 국민과 대화를 통한 상호작용이다. 정부 계정이 비록 장난스럽게 운영될 수 있는 여지는 거의 없지만 그렇다고 해서 톤앤매너를 지나치게 공식적으로만 운영하는 것 또한 디지털 소통의 취지와는 다소 거리가 있는 것도 사실이다. 유머가 깃든 표현, 솔직한 대화, 진솔한 댓글은 정부 계정에서 흔히 볼 수 있어야 한다. 그 어떤 국민이 지루하고 고루한 내용을 보고 싶어 하겠는가? 구독자와의 상호작용을 그들에게 기관 브랜드가 가진 고유의 인상을 줄 수 있는 기회로 인식되어야 한다. 물론 국가적 재난, 심각한 대형 사고와 같은 민감한 상황일 경우에는 가볍게 여기지 않음을 보여 주는 진중함과 댓글 등의 반응이 목표 청중의 입장에서 적절한지에 대해서도 판단이 병행되어야 하는 것은 굳이 강조하지 않아도 될 것이다.

다섯째, 적절한 피드백을 구조화해야 한다. 정부 계정은 그 자체로 국민의 반응에 대해 응답해야 한다. 콘텐츠를 작성하고 발행하는 것 외에도 국민의 멘션이나 질문에 답변하는 시간을 따로 확보해야 한다. 구독자는 정부가 자신에게 관심을 갖고 공식적 책임을 진지하게 받아들이고 있음을 확인하고 싶어 하기 때문이다. 또한 구독자와 의미 있는 대화를 나누는 것은 정부가 국민을 위한 활발한 여론 수렴을 보여 줄 수 있는 좋은 방법이기도 하다.

소셜 미디어 콘텐츠 관리자가 숙지해야 할 몇 가지 정보를 소개하면 다음과 같다. 우선, 소셜 미디어 계정 페이지에서 연락처 정보를 사용할 수 있도록 해야 한다. 사용자가 질문이 있는 경우 기관에 연락할 수 있는 기본 전화번호나 이메일 주소를 나열하거나 적절한 연락처 정보가 있는 링크를 제공하는 것이 필요하다. 다음으로, 소셜 미디어로의 접근성을 높이도록 경로를 잘 설계해야 한다. 국민이 쉽게 진입할 수 있는 지점을 제공하는 것이다. 일반적으로는 웹사이트에 소셜 미디어 위젯

08 디지털 공공소통 전략

의 옵션을 제공하거나 소셜 미디어 채널 내에도 다른 계정 링크를 열어 두는 방법이 있다(사실 이 방법은 정부부처 기관들이 너무 잘하고 있다). 기관 특성을 살린 발행 가이드라인을 만들고 업데이트할 필요가 있다. 대표적인 것이 해시태그로 주요 정책 키워드명, 개수, 맞춤법 등에 대해 전 직원이 공유할 수 있게 해야 한다. 마지막으로, 콘텐츠에 대한 접근성을 주기적으로 테스트해야 한다. 소셜 미디어마다 조금씩 다르기는 하지만 고유한 접근성 팁과 고객 서비스를 지원하는 헬프데스크가 있다. 이를 적극적으로 활용할 필요가 있다.

정보의 이용 접근성을 높이는 보유 미디어 개선

디지털 공공소통의 미디어는 어떤 것이 있는지 물어보면 대부분 기관이 운영하는 소셜 미디어를 언급하는 경우가 많다. 유튜브, 인스타그램, 페이스북과 같은 디지털 플랫폼이 기관의 미디어인 것은 분명하지만 엄격한 의미의 보유 미디어(owned media)로 보기는 어렵다. 사실 소셜 미디어는 트렌드가 변함에 따라 이용자의 이용 빈도가 급격히 줄어드는 등 공공기관의 투자에는 위험성이 따르는 것이 현실이다. 트위터가 대세를 이루다가 페이스북에게 그 바통을 넘긴 후 거의 모든 기관이 계정을 개설하였는데, 2021년 인스타그램과 유튜브 등에 비해 이용자가 감소하고 있음을 알 수 있다. 정부나 공공기관이 소셜 미디어에 투여한 인적 · 물적 자원에 비해, 알고리즘은 최대한의 상업적 목적을 위해 지속적으로 변화하고, 정부에게는 불리하게 작용하는 면도 적지 않다. 따라서 여기서 설명하려는 보유 미디어는 소셜 미디어가 아닌 홈페이지를 의미한다. 홈페이지는 정부나 공공기관이 필수적으로 운영하고 있는 기본적이지만 가장 중요한 미디어이다. 소셜 미디어의 정보가 특정 정책을 매체의 특성에 맞게 표현하는 시각적 강점을 가지고 있다면, 홈페이지는 목표 집단이 필요로 하는 정보를 모아 두는 허브이기 때문이다. 생각해 보면 국민에게 효과적으로 정보를 제공하고, 국민의 의견을 수렴하는 양방향성의 실현은 디지털 공공소통의 근본 목적과도 같다. 홈페이지의 정보 접근성을 높여야 하는 이유와 방법, 특정 정보 전달을 위한 효과적인 사이트 설계 등에 대해 논의하려 한다.

홈페이지의 이용 접근성 개선

웹사이트 개발 초기에 정부의 웹사이트는 다소 생소하였다. 당시에는 어떤 콘텐츠를 넣을지 잘 몰랐고, 일반적으로 웹사이트를 기관을 브랜드화하는 수단으로 사용하였다면, 오늘날 정부의 웹사이트는 다양한 목적을 가지고 있다. 국민이 정부의 연혁, 조직 가치 및 공무원에 대한 정보를 찾을 수 있고, 전화를 걸기보다 온라인으로 정부 서비스에 대한 유용하고 시기적절한 최신 정보를 찾을 가능성이 더 높다는 것이다. 이 책의 독자 여러분은 특정한 정보를 찾기 위해 정부기관의 홈페이지에서 검색한 경험이 있는가? 검색한 경험이 있다면 만족스러웠는가? 이에 대한 대답은 각자의 경험에 따라 다르게 나타날 것이다. 홈페이지의 이용 접근성 개선에 앞서, 다음의 사실을 주지할 필요가 있다. 정부기관의 홈페이지가 항공사나 은행, 쇼핑몰 등과 비교할 수는 없다. 디지털 고객 경험에서 설명하였듯이 민간기업의 경우 목표 청중에게 적절한 고객 경험을 제공하지 못할 때 소비자는 다른 브랜드로 옮겨 가지만, 정부의 경우 대체 채널이 없기 때문에 다른 대안을 찾기는 어렵다. 그리고 정부기관의 홈페이지를 이용하는 것은 다른 대안, 즉 전화나 직접 방문보다 시간, 비용 측면에서 더 효율적이기 때문에 국민은 계속 사용할 수밖에 없다. 이는 해외 연구에서도 지적된 바 있는데, 2020년 HEC가 싱가폴 정부 웹사이트 사용자 200명 이상을 대상으로 조사한 연구에 따르면 대부분의 사람(77%)은 정부 사이트의 서비스에 무관심하였고, 서비스가 좋든 나쁘다고 인식하든 관계없이 사이트를 계속 사용할 것으로 나타났다. 그럼에도 불구하고 디지털 고객 경험의 관점에서 민간 영역과의 차이를 국민이 가장 많이 체감하는 것이 보유 미디어의 이용 접근성 이슈이다. 이용 접근성은 정보를 얼마나 쉽게 찾을 수 있는지와 함께 정보가 얼마나 도움이 되는지를(즉, 질적 가치) 동시에 설명하는 개념이다. 앞서의 연구에서 추가적으로 '비록 국민이 정부기관의 홈페이지 결함에 대해 강한 수준의 내성을 가지고 있지만, 서비스 품질에 대한 사용자의 인식이 높을수록 사이트를 계속 이용하려는 의향이 더 강하다'(Srivastava, 2020)는 연구 결과를 고려할 때 정부는 웹사이트의 사용성을 향상시키기 위해 노력해야 한다. 이미 높은 수준의 눈높이에 표준이 맞춰진 국민의 디지털 경험에 최대한 근접하게 홈페이지의 접근성을 개선하기 위한 과제는 어떤 것이 있을까?

가장 우선되는 것은 검색 결과의 품질을 높이는 기능 강화이다. 사실 검색은 안타깝게도 민간 포털의 우수한 경쟁력 때문에 정부기관 홈페이지의 상대적 약점이기도 하다. 민간의 포털 사이트들은 꾸준히 국민에게 검색에 관한 사용 방법을 잘 가르쳐 왔고 업데이트해 왔다. 대부분의 국민은 키워드를 간단히 입력하여 원하는 정보를 찾는 것에 익숙하고, 키워드의 조합 등 고도화된 검색에도 능숙한 경우를 쉽게 발견할 수 있다. 국민은 정부기관 역시 접근 가능한 더 좋은 검색 경험을 기대하기 때문에 지능적이고 반응이 빠른 검색 기능은 중요한 문제이다. 미국 정부의 홈페이지 경험에 관한 맥킨지 연구에 따르면 다수의 국민이 많은 단계를 가진 계층적 구조의 정부 홈페이지에서 좌절감을 느끼고, 결국 직원과의 통화를 통해 정보를 얻는 대안을 모색한다고 한다(McKinsey, 2019). 다수의 정부 홈페이지에서 검색창을 눈에 잘 띄는 곳에 배치하고 있는 것을 쉽

08 디지털 공공소통 전략

게 목격할 수 있다. 이는 검색의 중요성을 잘 인지하고 있다는 것인데, 이슈가 되는 것은 검색어 입력에 따른 검색 결과의 품질 문제이다.

실례를 통해 살펴보자. 검색의 중요성을 설명하기 위해 특정 기관의 사례를 중심으로 설명할 것인데, 이 비교는 특정 기관의 홈페이지를 비교하여 우열을 가리거나 특정 기관을 폄하하기 위한 목적이 전혀 없다. 홈페이지를 운영하는 것은 기관별 고유의 목적이 있기 때문에 동일한 기준으로 비교할 수 없다. 오로지 국민에게 유용한 정보를 제공하는 것으로서 검색의 기능과 역할을 설명하기 위해 예시한 것으로 참고하기 바란다. 우리나라 광역지방자치단체의 홈페이지에 접속하면 메인 화면 가장 상단의 주목도 높은 위치에 검색창이 있음을 알 수 있다. 특정 단어를 검색해 보자. 검색창에 '여권(passport)'이라는 키워드를 입력하면 '여권발급, 여권통문, 여권발급업무, 여권민원실'의 연관검색어가 표시된다.

연관검색어를 선택하지 않고 '여권' 단어로만 검색을 하면, 다음의 결과가 나타난다. 최상단부터 관련 사이트로 기초단체인 구청 몇 곳의 링크, 서울시 전자책, 업무 담당 리스트와 더불어 우측에는 인기 검색어(아마도 홈페이지 검색 상위로 보이는), 핫이슈 키워드 등이 검색된다. '여권' 키워드를 검색하는 시민이 기대한 정보 인지에 대한 판단은 해당 키워드 검색 결과에 따른 이용자 여정 데이터를 갖고 있지 않아 명확하게 알 수 없

[그림 8-15] 홈페이지 내 좋은 위치에 노출되고 있는 검색창

출처: 서울시 홈페이지

[그림 8-16] '여권' 키워드와 관련된 검색어 추천

출처: 서울시 홈페이지

08 디지털 공공소통 전략

[그림 8-17] '여권', '여권발급' 검색어의 검색 결과 화면

출처: 서울시 홈페이지

지만, 검색 결과는 언뜻 보아도 사용자의 의도에 비해 많은 정보가 나타난 것이 사실이다. 추천 검색어이자 더 구체적인 정보 요구에 해당하는 '여권발급'의 검색어 검색 결과도 '여권'의 검색 결과와 크게 다르지 않고, 더 구체적으로 여권발급과 관련한 차별적 정보도 보이지 않는다는 것을 알 수 있다.

'운전면허증'을 검색한 경우는 결과가 더욱 좋지 않은데, (키워드의 검색 목적이 명확히 데이터로는 없어서 조심스럽지만) 운전면허증의 경우 기대하는 것은 발급, 분실, 갱신 등의 목적으로 추정되는데 비해, 광역단체의 자체적 뉴스, 웹문서, SNS 계정의 동영상 등으로 이용자의 기대와는 다른 일방향적 콘텐츠가 제시되고 있다.

[그림 8-18] '운전면허증' 검색어의 검색 결과 화면

출처: 서울시 홈페이지

비교를 위해 해외 정부의 사례를 살펴보자. 미국 유타(Utah) 주의 사례이다. 미국 서부에 위치한 인구 약 3백만 명의 유타주는 로키산맥 서편을 따라 도시가 남북으로 형성되어 있고, 주도는 우리에게 2002년 동계올림픽 개최지로 알려진 솔트레이크시티이다(Wikipedia). 유타주의 홈페이지를 보면 서울시와 마찬가지로 검색창이 주목도 높은 좋은 위치에 있음을 알 수 있다. 마치 민간 영역의 검색 전문 사이트와 같이 정중앙에 위

08 디지털 공공소통 전략

[그림 8-19] 미국 유타주의 홈페이지 메인 화면

출처: 미국 유타주 홈페이지

치해 있다.

동일하게 'passport'라는 검색어를 입력하였다. 아주 간결하게 결과가 나타났다. 먼저, 상단에는 "당신은 여권을 검색하고 있다. 다음은 당신의 요청과 관련된 몇 가지 서비스이다(You are searching for 'passport'. Here are some services related to your request)." 바로 아래에는 검색 결과 한 가지만 'passports'로 나오는데, 이를 클릭하면 여권발급과 관련한 미국 정부 사이트로 연결 링크가 제공된다. 운전면허증(driver's license)의 경우, '운전면허 관련 약속 잡기(schedule your dirver license)' '유타주 운전면허증의 온라인 갱신(Utah driver license online renewal)' '유타주민 인증(Valldate-Utah ID verification)' 등 검색 키워드와 관련이 높고 안내페이지로의 링크가 포함된 결과가 나타난다.

[그림 8-20] '여권(passport)' 검색어의 검색 결과 화면

출처: 미국 유타주 홈페이지

[그림 8-21] '운전면허증(driver license)' 검색어의 검색 결과 화면

출처: 미국 유타주 홈페이지

두 기관의 검색 결과에 대해 살펴보았다. 디지털 시대에 이르러 국민은 정부나 공공기관에 전화로 문의를 할 경우 오랜 시간이 소요될 것을 우려한다. 그들은 홈페이지를 방문하여 필

08 디지털 공공소통 전략

요한 정보를 얻고 필요한 신청을 할 수 있기를 원하고, 정부의 홈페이지는 이러한 요구를 신속하게 수행하는 데 그 목적이 있을 것이다. 결론적으로 정부부처의 검색 기능을 높이는 것은 매우 중요하고, 반드시 개선을 모색해야 한다.

가장 기초가 되는 것은 검색 분석의 고도화이다. 검색 분석은 사용자가 홈페이지에서 무엇을 찾고 싶어 하는지 보여 주기 때문에 데이터로서 가치가 높다. 웹 로그 분석은 홈페이지에 어떤 내용의 페이지를 만들어야 하는지 알려 주는 훌륭한 방법이다. 이런 데이터를 토대로 검색어는 클릭률을 통해 이용자가 검색 후 표시되는 결과를 클릭하는지 알 수 있고, 클릭률이 낮고 민원 부서에 직접 요청하는 비율이 높게 나타나면 검색에 따른 페이지 배치를 조정하는 것이 좋다. 페이지 방문, 문서 다운로드와 같은 웹사이트 측정 항목을 면밀히 관찰하지 않으면 방문자가 무엇을 찾고 있는지 알 수 없다. 페이지별로 상이하게 나타나는 트래픽을 데이터로 확인할 때에야 비로소 콘텐츠, 접근성, 웹 페이지 성능 등에 대한 전략을 수립할 수 있다.

다음으로 이용자들이 웹사이트를 사용하는 방법에 대해서 정기적으로 수집해야 한다. 방문자가 콘텐츠를 탐색하거나 특정 작업을 수행하는 것을 데이터로 확인하면서 동시에 웹사이트를 이용하는 이유와 방법을 살펴보아야 한다. 물론 이는 정부기관의 IT 전문가의 영역일 수도 있지만, 홈페이지가 중요한 디지털 공공소통의 미디어란 측면에서 최상의 결과를 얻기 위해서는 소통 전문가와의 협업이 필요하다. 일정한 주기로 사용자 조사를 수행하고, 사용자 행동, 콘텐츠 가치, 홈페이지 접근에 이용되는 장치(모바일, PC, 테블릿 등), 브라우저, OS 등에 대해서도 분석되어야 한다. 예를 들어, 윈도우OS, 애플의 모바일 운영 체제인 iOS의 사용자 접근이 어느 정도인지 정확히 알아야 (심지어는 윈도우의 경우 11, 10, 7 등 버전이 다양하다.) 국민에게 더 나은 디지털 고객 경험을 제공할 수 있기 때문이다. 약 400개의 행정부 도메인에서 웹트래픽을 수집해서 디지털 분석을 통해 국민이 온라인으로 정부 서비스를 찾고 사용하는 방법

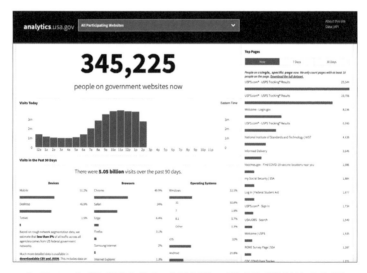

[그림 8-22] 미국 행정부 사이트에 접속하는 이용자에 대한 분석 데이터를
개방화한 사이트

출처: https://analytics.usa.gov

08 디지털 공공소통 전략

에 대한 이해를 돕기 위해 실시간 정보를 제공하는 미국 정부의 분석 사이트는 디지털 고객 경험을 위한 분석의 예시를 이해하는 데 참고할 만하다.

고유한 정보 제공을 위한 창의적인 마이크로사이트

일반적으로 정부 홈페이지는 기관의 비전, 조직 안내, 다양한 분야의 정책 소개, SNS 게시물 등 수많은 페이지로 가득하다. 이는 기업의 경우도 크게 다르지 않다. 홈페이지는 복수의 정보를 담을 수밖에 없고 특정한 한두 가지의 정책 홍보를 위한 미디어로는 부족한 면이 있다. 한정된 목표 청중을 대상으로 특정 정책을 알리기 위해 돈을 지불하는 광고(paid media)가 아닌 자체 미디어를 개발하는 방식으로 자주 활용되는 미디어가 마이크로사이트(microsite)이다. 이름 그대로 마이크로사이트는 특정한 목적을 위해 제작되는 미니 홈페이지와 같다. 홈페이지가 기관에 관련된 모든 종류의 정보로 안내하는 허브라고 한다면, 마이크로사이트는 훨씬 작고 타깃 콘텐츠를 주로 다루는 조그만 정거장이다. 국민이 기관을 검색할 때 홈페이지를 접하게 된다면, 마이크로사이트는 기관이 개별 사이트를 만든 특정 정책에 대한 정보를 검색할 때 발견하게 된다. 마이크로사이트의 가치는 때때로 과소평가되기도 하지만, 특정 정책, 프로젝트 또는 캠페인을 홍보하는 좋은 방법이다.

마이크로사이트를 이용하는 장점은 특정 정책의 목적으로 잘 사용하면 당초의 목적 외에도 기관 브랜드 전반의 인지도를 높이는 데 도움이 되는 것으로 알려져 있다(Smack, 2019). 이용자가 홈페이지에 비해 탐색할 페이지 수가 적기 때문에 원하는 것을 쉽게 찾을 수 있어 더 나은 디지털 경험을 제공할 수 있고, 목표 청중이 관련 정보를 매우 자세하게 찾을 수 있는 장소를 제공하며, 이용자가 다시 찾고 싶어 하는 관련성 있는 상세한 콘텐츠를 제공하는 데도 도움이 된다. 빠른 시간에 개발할 수 있기에 짧은 시간 안에 만들 수 있는 미디어로서 적합하고, 특정 기간 안에 수행해야 하는 정책 이벤트 등에도 적합한 수단이 될 수 있다.

예산이 적은 경우에도 유용하다. 홈페이지에 추가하게 될 경우 유지관리 등의 이슈가 생겨 비용 부담이 커지는 데 비해, 마이크로사이트는 적절한 비용으로 필요한 목적을 달성하기에 용이하다(Smack, 2019).

마지막으로 검색에도 유용하다. 마이크로사이트는 자체 URL이 있어 접근성이 높고, 특히 민간의 검색 엔진에서 검색 용이한 다양한 키워드가 포함되기에 국민에게 노출될 가능성이 높아진다. 예를 들어, '한국판뉴딜'은 여러 정부기관의 정책과 과제들이 모인 정책 브랜드의 성격이 있는데, 특정 기관의 정책 범위를 넘고, 설사 한 기관에서 다루게 되더라도 홈페이지 내의 여러 정책과 혼재되어 '한국판뉴딜'만의 중요성을 강

[그림 8-23] 한국판뉴딜 마이크로사이트

출처: 한국판뉴딜 마이크로사이트

조하여 전달하기에는 어려움이 있을 것이다. 이에 관계 부처는 한국판뉴딜의 의미, 로고, 정책 설명, 뉴스룸, 국민과의 양방향 경로 등 한국판뉴딜에 집중한 마이크로사이트를 제작하였다. 마이크로사이트가 있으면 방문자가 한곳에서 모든 정보를 볼 수 있으므로 편리하다. 검색 엔진에서도 해당 부처 이름을 검색할 때 노출될 수 있는 범위보다 '한국판뉴딜'을 검색할 때, 공급자가 기대하는 수준의 최적화 작업도 용이하다.

 디지털 공공소통의 목적으로 종종 이용하는 마이크로사이트의 효과를 최대한 높이기 위한 방법을 소개하면 다음과 같다. 홈페이지가 다양한 청중을 아우르는 큰 집이라면, 마이크로사이트는 세분화된 목표 청중을 위한 맞춤형 집이다. 창의적인 마이크로사이트의 첫 출발은 '도달하려는 대상인 목표 청중을 식별'하는 것이며, 어떤 경험을 줄 것인지를 고려하는 과정이다. 청중에게 직관적인 인터페이스와 개인화된 콘텐츠의 이점을 누릴 수 있게 해 줘야 브랜드와 기억에 남는 상호작용을 생성한다. 마이크로사이트의 장점은 홈페이지의 모양과 분위기, 그리고 딱딱한 표현방식에서 벗어날 수 있는 좋은 기회이다. 목표 청중이 참여할 수 있는 새롭고 예상하지 못한 경험을 제공하는 것을 고민하는 것이 바람직하다.

그다음은 마이크로사이트를 알리는 것이다. 마이크로사이트가 만들어지는 것이 전부가 아니다. 기존의 홈페이지와 달리 존재감이 전혀 없기 때문에 프로모션을 통해 알려야 한다. 검색 엔진 최적화(SEO, 다음 절에서 논의)를 추천하는 전문가도 많지만 검색 엔진 최적화는 짧은 기간 동안 사용할 용도의 마이크로사이트에는 많은 지원을 할 수 없는 경우도 많다. 따라서 보유 중인 홈페이지의 인바운드 링크, 소셜 미디어 등의 홍보를 포함하여 비용을 지불하는 프로모션, 광고, PR 등의 수단을 활용하여 마이크로사이트를 알리는 것이 의도한 목적의 성공에 도움이 된다.

또한 목표를 정의하고 성과 측정을 꼭 해야 한다. 마이크로사이트 프로젝트는 항상 끝을 염두에 두고 시작해야 한다. 당연히 마이크로사이트를 시작하기 전에 특정 목표를 갖는 것이 중요하다. 목표가 명확할수록 사이트에서 불필요한 정보를 제거하고 방문자에게 그들이 찾고 있는 것을 정확히 제공할 수 있다. 오해나 오류 없이 참여를 유도하고 사람들이 행동을 취하도록 장려하는 경험을 제공할 수 있다.

마지막으로 고객의 취향과 트렌드를 고려한 마이크로사이트의 구조를 정의하고 디자인하는 과정이다. 이를테면 '몇 개의 페이지로 구성할 것인가?' '페이지 간 탐색은 어떤 모습일까?' '클릭을 위한 유도문은 많은가?' '디자인을 위해서는 메시지와 레이아웃이 명확한가?' 등의 질문에 명쾌히 답을 할 수 있다면 마이크로사이트의 창의적 시도가 용이할 것이다.

성공적인 마이크로사이트로 평가받는 사례를 소개한다. '자동차 공유(car sharing)'에 관한 마이크로사이트는 미래 사회에서 자동차 공유가 가져올 긍정적인 가치를 알리기 위해 기획되었다. 자동차 공유를 하는 방식, 자동차 공유가 가져온 탄소배출 절감 효과, 국가별 현황 및 북미 지역의 관련 데이터 등의 정

[그림 8-24] 자동차 공유의 밝은 미래에 관한 마이크로사이트

출처: http://futureofcarsharing.com

보가 아주 간결하게 정리되어 있다. 자동차 공유의 목적을 설명하는 사이트의 특징을 부각하듯이 디자인적으로도 페이지가 위에서 아래로 내려가는 것이 아니라 자동차가 출발하여 좌에서 우로 이동하며 각각의 정보를 제공하는 창의성을 갖추어 호평을 받았다.

물의 소중함을 알리는 영국의 마이크로사이트 사례는, 달이 떠 있는 밤에 잠을 자고 있는 한 명의 성인 남성의 일과에서 시작된다. 마우스를 아래로 내리면, 아침이 시작되며 물 소비에 관한 영국의 데이터를 알려 주는 것에서 출발한다. 주인공이 침대에서 나와 샤워를 하고 옷을 입고 아침 식사를 하는 출

[그림 8-25] 물의 소중함을 알리는 마이크로사이트

출처: http://everylastdrop.co.uk

08 디지털 공공소통 전략

근 과정 하나하나마다 물 소비의 평균 데이터를 제공하는데, 각 에피소드의 결론인 '물 부족을 겪고 있는 인류가 10억 명이 넘는 것에 관한 사실'을 알려 주며 마무리된다. 이 마이크로사이트 역시 한 개인이 잠에서 깨어 일상을 시작하는 각 에피소드마다 물 소비량을 시각적으로 제시하면서 객관적 데이터를 제공하는, 간결하고 명쾌한 메시지로 물 부족에 대한 경각심을 일깨워 주는 매우 창의적인 사이트로 평가받았다.

노동자가 근로 현장에서 특정한 신체 부위를 다쳤을 때 받게 되는 보상금의 차이에 대한 문제를 제기한 단체가 만든 마이크로사이트는 장황한 설명 없이도 고용주와 근로자 모두에게 큰 영향을 미쳤다. 연방 정부의 최저 보상 수준에 대한 권고가 없고, 각 주에서 자체적으로 보상 수준을 결정할 수 있도록 허용함으로써 주 경계선을 넘어 근로자가 동일한 부상에 대해 완전히 다른 결과를 경험할 수 있음을 시각적으로 보여 주고 있다. 한쪽 팔을 잃었을 경우 미국 전체의 평균 손실보상금액과 각 주가 제공하는 보상금 차이를 뚜렷하게 보여 주고, 여러 신체 부위에 대해서도 손쉽게 정보를 구할 수 있다.

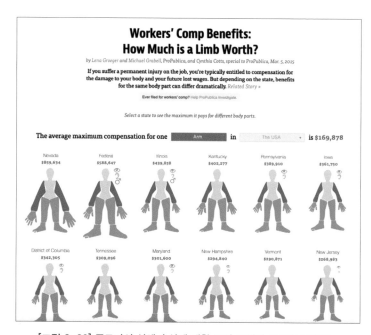

[그림 8-26] 근로자의 신체 손상에 대한 보상 금액의 차이를 설명하는
마이크로사이트

출처: https://projects.propublica.org/graphics/workers-compensation-benefits-by-limb#

정보의 노출을 높이는 검색 엔진 최적화

검색 엔진 최적화의 개념과 효과

정부의 내부 작동은 매우 복잡할 수 있기 때문에 국민이 필
요한 정보를 찾는 것이 어려울 수 있다. 많은 사람은 정부 정책

및 절차에 대한 답변을 빠르게 찾을 수 있는 방법으로 인터넷을 찾는다. 정부기관이 온라인으로 배포하는 정보가 중요하고 가치가 있다는 것은 의심의 여지가 없다. 그러나 많은 정부 웹페이지가 동일한 함정에 빠져 있다. 높은 품질의 콘텐츠를 제공하지만 가시성이 부족하다는 것이다. 사람들은 개인의 관심사, 제품 및 서비스에 대한 정보, 정부 정책에 대한 정보와 신청 등을 포함한 매년 수조 건에 달하는 온라인 검색을 하기 때문에 가시성을 높이는 것은 민간 영역의 상업적 목적이든, 공공 영역의 정보 제공이든 디지털 소통의 기본적인 것에 해당한다. 네이버, 카카오, 구글 및 기타 검색 엔진에서 기관과 관련된 정책, 정보, 서비스를 검색할 때 가시성을 높이기 위해 사이트를 개선하는 것을 검색 엔진 최적화(Search Engine Optimization: SEO)라고 한다. 기술적으로 들릴 수 있는 용어이지만 간단히 말해서 검색 엔진에 맞게 웹사이트와 페이지를 최적화하기 위한 비공식 규칙의 집합을 의미한다. 최적화는 웹사이트의 속도, 구조, 인덱싱, 태깅 등을 설명하는 테크니컬, 페이지의 구성요소와 완성도, 키워드 품질에 관한 온페이지, 웹사이트의 외부 영역, 타 사이트에서 해당 사이트를 어떻게 평가하는지에 관한 오프페이지의 세 가지 요소가 충족되어야 하는데, 이해를 돕기 위해 대략적으로 설명하려 한다.

일반적으로 검색 엔진은 크롤링, 색인 작성, 관련성 및 순위 계산, 결과 제공의 네 가지 기능이 있다. 정부가 생성한 웹사이트를 검수하고, 각 페이지에 대해 선택할 수 있는 모든 텍스트, 해당 페이지와 다른 페이지의 관계에 대한 많은 기타 데이터 등에 대해 봇을 사용하여 정보를 수집하고 색인을 생성한다. 비유하면 색인은 도서관의 사서가 책을 가져와서 그 시간에 찾고 있는 것을 정확히 찾는 데 도움을 줄 수 있는 거대한 도서관과 같다. 차이가 있다면 도서관의 정보에 비해 웹사이트는 유사한 정보를 다루는 비슷한 수준의 경쟁 페이지가 넘쳐 나고 있다는 것이다. 검색 엔진은 인터넷을 주기적으로 크롤링하여 이러한 데이터베이스를 만들고, 각 페이지의 가치와 그 페이지에 나오는 단어의 가치를 저울질한다. 검색 엔진은 인바운드 및 아웃바운드 링크, 키워드 밀도 및 사이트 구조 내 단어 배치와 같은 요소에 부여하는 값을 결정하기 위해 일정한 공식(알고리즘)을 사용한다. 이 알고리즘이 수백 가지 순위 요소 또는 신호를 고려하여 인덱스의 페이지를 분석하여 주어진 쿼리에 대한 검색 결과에 페이지가 표시되어야 하는 순서를 결정한다. 그렇기 때문에 기관이 검색에서 유리한 위치를 찾기 위해 비용을 지불하는 유료 검색 광고와 달리 더 높은 유기적 검색 순위를 얻기 위해 검색 엔진에 비용을 지불할 수는 없다.

그렇다면 검색 엔진 최적화가 주는 이득은 무엇일까? 검색은 종종 브랜드에 대한 디지털 트래픽의 주요 원천이며, 다른 마케팅 채널을 보완하는 중요한 역할을 한다. 대다수의 검색 엔진 사용자는 검색 결과로 제시되는 수많은 페이지에서 1~2페이지, 많아야 3페이지 정도밖에 확인하지 않는 경우가 많다. 그중에서도 상위 10개 제안을 클릭할 가능성이 훨씬 더 높다 (Shaw, 2020). 특정 검색어에 대한 순위가 높을수록 웹사이트에 대한 신뢰도가 높아져 사용자가 링크를 클릭할 가능성이 높아진다(McGrath, 2019). 실제로 더 많은 웹트래픽과 웹사이트 방문자가 발생한다. 콘텐츠를 검색하는 사용자는 소셜 미디어나 자신의 플랫폼에서 콘텐츠를 공유할 가능성이 더 높아지기 때문에 콘텐츠의 도달 범위가 더욱 확대될 수 있다. 기업의 경우는 잠재 고객을 비즈니스로 유치할 가능성이 높아져 수익을 높이는데 중대한 영향을 미칠 수 있다. 검색 엔진 최적화의 가장 큰 장점 중 또 다른 하나는 광고 비용을 절감할 수 있다는 것이다. 광고 비용을 지불하면 지정된 검색 내에서 '광고' 태그와 함께 표시되는 경우가 많지만, 이용자는 광고형 웹사이트를 기피하기 때문에 검색 엔진 최적화를 활용하여 웹사이트를 높은 순위에 위치할 경우 비용을 아끼는 효과를 가져온다.

검색 엔진 최적화의 과정과 사례

정부기관의 홈페이지 관리자가 검색 엔진 최적화를 배우는 과정은 다소 까다롭게 느껴질 수 있지만, 기술을 향상하고 궁극적으로 조직의 청중을 늘리는 방법에 대해 도움이 되는 무료 온라인 도구와 정보가 많이 있다. 정부기관 홈페이지의 검색 엔진 최적화에 대해 기본적 내용과 사례를 통해 다루어 보려 한다. 검색 엔진마다 해당 회사에만 있는 복잡한 알고리즘을 기반으로 검색 표시가 이루어지는데, 알고리즘을 완전히 이해하기는 불가능하더라도 더 높은 순위를 얻는 기회를 갖기 위한 요소는 다음과 같다.

검색 엔진 최적화를 위해 가장 중요한 요소는 고품질의 콘텐츠를 제작하는 것이다. 검색 엔진 최적화에서 우수한 콘텐츠란 사용자가 검색하여 찾고자 하는 콘텐츠로 인정하는 것으로, 정보의 품질이 높고 권위 있는 콘텐츠로서 활용성이 커야 한다. 검색 시 사용하는 키워드와 같은 속성의 키워드가 콘텐츠에 다수 포함되어야 한다. 그리고 텍스트가 충분하며 링크, 이미지, 동영상 등 다양한 개체를 활용할 경우 유리한데, 특히 구글의 경우는 콘텐츠 정확성을 높게 평가하는 경향이 있다.

검색 결과에 노출된 콘텐츠에 접속한 후 얼마나 오랫동안 페이지를 보고 있는지를 설명하는 체류시간도 콘텐츠 우수성 평가에 반영된다. 사용자의 체류시간을 늘리려면 당연히 콘텐츠가 유익하거나 재미있거나 감동적이든 사용자의 검색 의도에 맞도록 구성되어야 한다.

의도한 목표 청중을 위해 특별히 제작된 양질의 콘텐츠는 사이트 트래픽을 증가시켜 사이트의 권위와 관련성을 향상시킨다. 정기적으로 업데이트되는 콘텐츠는 사이트의 관련성을 가장 잘 나타내는 지표 중 하나로 간주되므로 항상 최신 상태로 유지해야 한다. 사용자 검색 키워드에 해당하는 콘텐츠 중 최근 발행한 콘텐츠를 우선시하는 경우가 있기 때문에 기관의 새로운 정책, 서비스에 대한 정보를 추가하고 더 이상 관련이 없는 콘텐츠를 제거하는 것도 중요하다. 특정 주기를 정하고 일정에 따른 업데이트는 검색 엔진이 웹사이트를 더 자주 방문하도록 유도한다.

다음은 앞에서 가볍게 언급한 키워드의 중요성을 설명하려 한다. 검색 엔진 최적화는 검색되는 키워드에 부합하는 콘텐츠의 질과 함께 이용자의 검색 키워드에 대한 정밀한 분석을 통해 기술적으로 키워드를 잘 배치하는 것이 중요하다. 기관이 타기팅하려는 단어와 구문을 식별하는 키워드 연구가 중요하다는 의미이다. 집중하려는 키워드를 식별하고 나면 실제 페이지 최적화를 시도하는데, 콘텐츠의 품질을 전제하고 더 쉽게 식별되도록 하는 기술적 개념이다. 페이지 최적화의 여러 과정 중 가장 중요한 것은 관련 키워드를 실제 콘텐츠에 통합하는 것이다. 핵심 키워드는 페이지 전체에 걸쳐 여러 번 반복하는 것이 좋다. 기본 키워드를 URL, 페이지의 첫 단어 〈title〉, 메타 디스크립션(요약), 〈H1〉으로 태그가 지정된 페이지 제목, 본문 등에 쉬운 언어로 읽기 쉽게 사용한다. 필요한 경우 위에 나열된 필드에 보조 키워드(secondary keyword)를, 확장 시 asset heading(〈H2〉), secondary headings(〈H3〉 및 〈H4〉)에도 사용한다.

[그림 8-27] 우리나라 특정 시의 예약시스템

출처: ○○시 통합예약 시스템 홈페이지

　좋지 않은 사례를 살펴보자. 우리나라 어느 시의 통합예약시스템 홈페이지이다. 시가 보유하고 있는 자원을 예약하는 시스템으로, 각 카테고리에 포함된 시설 또는 행사는 각각 하나의 웹 페이지(단일 콘텐츠)로 구성되어 있다. 외견상 큰 문제가 없어 보이고, 이에 대해 문제를 제기할 사람은 많지 않을 것이다.

　하지만 웹 페이지를 열어 보면([그림 8-28] 참조), Head에 해당 페이지의 정보 키워드가 없고, 본문 내용은 구조화되어 있지 않다. 검색 엔진이 이해하기 힘든 페이지 구성으로, 예약을 위해 정보를 확인하는 페이지의 검색 엔진 최적화가 이루어지지 않았음을 알 수 있다. 구조화를 통해 관련 키워드를 〈H1〉, 〈H2〉,

[그림 8-28] 예약 페이지 분석(화면 및 태그 보기)

출처: ○○시 통합예약 시스템

⟨H3⟩, ~. ⋯⋯⟨HN⟩으로 활용했어야 하는 점이 부족하다.

그리고 해당 페이지의 타이틀인 '다원이음터 마을 예술제 예약'을 구글에서 검색하면 해당 페이지가 노출되지 않는다. 제목 그대로 '다원이음터 마을 예술제 단편영화 토크콘서트 떨어져 있어야 가족이다'를 검색해도 역시 동일하게 페이지 노출을 발견할 수 없다. 보편적으로 URL을 통한 직접 유입의 양이 크지 않기 때문에 페이지를 아무리 잘 제작한다고 하여도 검색 엔진에서 노출되지 않는다면 목표 청중에게 의도한 효과를 얻기란 어려울 것이다.

이 외에도 웹사이트 구성 시 참고할 만한 내용과 사례를 소개한다. 종종 정부기관은 공공 주제에 관한 공모전을 실시하는데, 홈페이지에 소개할 때 포스터 이미지를 그대로 활용하는 경우가 있다. 하지만 이미지로만 구성할 경우 검색 엔진은 해

[그림 8-29] 구글에서 검색되지 않는 페이지 예약 사이트

출처: 구글 이미지

당 콘텐츠를 읽을 수 없다. 이 경우 이미지와 텍스트를 적절히 구성할 때 검색 엔진 대응이 유리하다.

상기 내용이 기관 페이지(온페이지)에 관한 예시인데, 오프페이지의 최적화도 중요하다. 검색 엔진은 기관의 페이지와 웹사이트 전체에 대한 링크를 제공하는 다른 웹사이트를 확인한다. 외부 웹사이트의 링크는 콘텐츠의 정확성, 관련성 및 유용성에 대한 신뢰가 있는 것으로 높게 평가한다. 모든 링크가 동일한 것으로 평가받지는 않고 평판이 좋은 웹사이트의 링크는 평판이 낮은 것에 비해 가중치가 더 높다. 쉽게 말해, 평판이 좋은 웹사이트에서 기관의 링크가 많을수록 기관 웹사이트의 순위가 높아진다.

　정부기관이 생산하는 정확하고 신뢰도 높은 정보는 콘텐츠로서 가치가 높을 것이다. 하지만 콘텐츠의 가치가 콘텐츠 그 자체에만 있는 것이 아니라 국민에게 쉽게 노출되어 소비가 될 때에 진정한 가치가 높다고 할 수 있다. 따라서 콘텐츠 제작에 들어가는 시간, 예산의 노력만큼 검색을 통한 콘텐츠 노출의 품질을 올리는 검색 엔진 최적화에도 많은 고려와 노력이 투입되어야 한다. 검색 엔진은 신뢰할 수 있는 사이트를 높게 평가

[그림 8-30] 공모전 웹사이트 소개가 이미지로만 구성되어 있어
검색 엔진에서 검색되지 않는 사례

출처: https://www.gwanghwamoon1st.go.kr/front/methodPssrp/methodPssrpBbs
ViewPage.do?bbs_id=9067ba0524d34a4b9407d967dd679fd6

[그림 8-31] 공모전 웹사이트를 이미지(상단)와 텍스트(하단)로 구성하여
검색 엔진에서 검색되는 사례
출처: http://seoulcreator.kr/index_211122.html(왼쪽), 구글 이미지(오른쪽)

하고 대부분의 정부 사이트를 신뢰할 수 있고 중요한 것으로
취급하는 편이다. 비록 정부 사이트가 기업 사이트에 비교하여
멋지고 매력적인 부분은 부족할 수 있지만 실제로 필요할 때에
는 신뢰할 수 있는 도움을 제공한다. 그러나 이용자가 사용하
는 언어의 키워드에 대한 이해가 부족하여 콘텐츠의 검색 엔진
최적화가 이루어지지 않는다면 검색 엔진은 정부 홈페이지의
순위를 높게 지정하지 못한다. 끊임없이 변화하는 검색 엔진의
알고리즘을 이해하고 페이지의 최신 상태를 유지하려는 지속
적인 노력이 필요하다.

08 디지털 공공소통 전략

고객 주도 혁신이 가능한 양방향 소통 설계

국민을 협력적 공공서비스 개발에 참여시키는 디지털 공공소통

2000년대 초반 미국 버클리대학교의 교수 헨리 체스브러 (Henry Chesbrough)는 '오픈 이노베이션(open innovation)'이라는 개념을 소개하였다(Writers, 2021). 그는 회사가 R&D 부서를 사내 다른 부서 직원들이나 외부 사람들에게 개방한다는 것을 정의하는 것으로 설명하였다. 외부인은 일반적으로 해당 분야 또는 기술 영역의 연구원 및 전문가 등인데, 확대하면 회사는 고객, 학생, 일반 대중이나 심지어 다른 경쟁사 등 자원을 공유하지 않는 다양한 행위자에게 의존할 수도 있음을 시사하였다 (Writers, 2021). 유사한 개념으로 우리에게 익히 알려진 '크라우드소싱(crowd sourcing: 인터넷을 통해 다양한 기술이나 생각을 가진 사람들, 그룹의 정보, 의견, 작업을 소싱하는 과정), 위키노믹스 (Wikinomics: 인터넷에서 사람들이 모여 거대한 두뇌를 만드는 새로운 운동) 등이 있다. 디지털 시대 경쟁의 가속화로 협업은 기업에게 있어 생존을 위한 절대적 명제로 인식되고 있다.

공공 영역은 오랫동안 자체적인 방법과 설루션을 개발하며 비교적 독립적인 방식으로 운영되어 왔다. 그러나 최근에는 민관 파트너십의 형태로 민간 부문과의 상호작용이 증가하고 있다. 현대 사회에서 정부가 높은 수준의 서비스, 신속한 대응이 가능한 공공서비스 제공을 국민에게 압박받고 있는 상황과 무관하지 않다. 효율적이고 투명한 공공서비스는 국민 삶의 질에 직접적인 영향을 미친다. 사회 현상은 점점 복잡해지고, 이해관계자들의 관계나 각각의 주장도 다양해지고 있다. 자연스럽게 새로운 공공서비스 개발을 위한 노력은 정부 단독으로만 할 수 있는 것이 아니라 공공서비스 사용자를 포함한 다른 이해 관계자를 통합하는 집단 지성과 협업을 필요로 한다. 단순히 현대화 및 효율성 향상의 문제가 아니라 디지털 기술을 활용하는 것이 핵심으로, 전 세계적으로 증가하는 디지털화를 새로운 대안을 제시할 수 있는 가능성의 원천으로 인정하는 것이다. EU의 전자정부 실행 계획 2016~2020에는 '디지털 공공서비스는 공공 행정과의 상호작용을 더 빠르고 효율적이고 더 편리하고 투명하게 하고 비용을 절감함으로써 기업과 시민의 행정 부담을 줄인다.'라고 명시되어 있다. 2016~2020년 EU 전자정부 실행 계획 및 2017년 전자정부에 관한 탈린 선언은 현대 공공서비스, 즉 기본적으로 디지털, 국가 간 및 상호 운용 가능한 서비스의 개발에 대한 비전을 제공한다(European eGovernment Action Plan 2016~2020). 그리고 이 비전을 달성하기 위한 기존 과제에는 종이 기반의 프로세스를 온라인 상호작용으로 대체할 때 필요한 접근 방식의 변화, 다양한 디지털화 전략의 장단점을 더 잘 이해하는 것, 시민을 협력적인 공공서비스에 참여시키는 것의 이점을 포함한다.

공공서비스의 개발에 국민을 참여시키는 협업 구조를 기획하고 설계하는 것은 디지털 공공소통의 중요한 부분으로 정책적·소통적 관점 모두 고려되어야 한다. 기관이 일방적으로 판단하여 제공하는 것이 아니라, 국민의 의견을 수렴하고 반영하는 소비자 경험의 플랫폼이 대표적인 소통의 창구가 될 수 있다. 사실 민간 영역에서 고객의 의견을 혁신적으로 받아들인 놀라운 사례들이 있고, 이 모든 혁신은 기업 단독의 의사 결정이 낸 성과가 아니라 고객의 의견을 받아들이기 위한 조직 전체의 컨센서스 그리고 고객의 의견을 받기 위해 설계된 플랫폼과 홍보의 역할이 컸기에 가능하였다. 몇 가지 사례를 소개하고, 이를 통해 디지털 공공소통에의 시사점을 살필 필요가 있다.

민간기업의 디지털 협업 사례를 통한 디지털 공공소통의 협업 모색

1932년 창업한 덴마크 기업 레고는 우리나라 소비자에게도 상당히 알려진 글로벌 브랜드이다. 여러 가지 색상과 사이즈의 블록을 조합하는 장난감으로 2014년 『타임』지 선정 '역사상 가장 영향력 있는 장난감'으로 선정되기도 하였다(Waxman, 2014). 수십 년간 전 세계 어린이들의 사랑을 받던 레고는 2000년대 초반 인터넷과 비디오 게임의 급격한 도전으로 거의 부도 직전에 이르게 된다. 오랜 역사 동안 레고는 폐쇄적인 내부 프로세스를 통해 제품을 만들었고, 시장과 소비자의 변화 트렌드를 읽지 못한 것으로 평가받았다. 레고의 혁신은 블록 제품에 대한 아이디어를 고객에게 개방하는 근본적인 변화에서 출발하여 진화하였다. '레고 아이디어(Lego Ideas)'라는 이름으로 시작된 고객 혁신은 사용자가 블록 세트에 대한 아이디어를 제출할 수 있게 만든 플랫폼으로 2008년부터 시작되어 오늘날에도 지속되고 있다. 사용자가 제출한 제품 아이디어 관련 제안서는 다른 사용자들의 투표로 심사가 이루어지고, 최고 득표자는 레고 직원이 검토한다. 제출자의 아이디어가 채택되면 레고의 관련 부서와 협력하여 아이디어를 현실화하여 판매용 상업 제품으

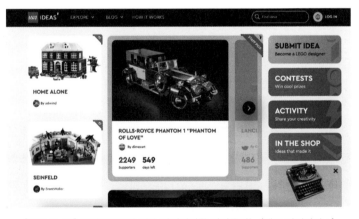

[그림 8-32] 고객으로부터 제품 아이디어를 받아들이는 '레고 아이디어스'

출처: 레고 아이디어스 홈페이지

로 출시하는데, 원작 디자이너는 1%의 로열티를 지급받는다. 이 커뮤니티는 사용자가 백만 명이 넘을 정도로 성장하였고, 26,000개 이상의 제품 아이디어가 제출되었다(레고 아이디어스 홈페이지). 지금도 사이트에는 많은 아이디어가 평가를 기다리고 있다. 한동안 침체기를 겪던 레고는 제품 개발에 대한 혁신의 동력을 외부 고객의 참여로 확대하며 팬들의 창의성을 자극하는 동시에 고객 충성도를 높임으로써 기업의 가치를 더 높이는 결과를 이루었다.

오늘날 기업은 광고 캠페인에 소셜 미디어를 그 어느 때보다 더 많이 사용하여 새로운 고객을 유치하고 더 많은 참여를 유도하려고 노력하고 있다. 미국의 다국적 식품, 스낵, 음료 회사인 펩시코(PepsiCo)는 팬들로부터 새로운 맛에 대한 아이디어를 얻는 'Do Us A Flavor' 캠페인을 2012년 7월 처음 시작하였다. 이 시기는 펩시코가 밀레니얼 세대에서의 시장 점유율이 하락하기 시작한 시점으로 목표 타깃 집단이 즐겨 사용한 소셜 미디어 플랫폼 페이스북, 트위터, 블로그, 공식 웹사이트 등을 모두 활용하였다. 디지털 기술과 소셜 미디어에 대한 지식이 풍부하고 참여할 가능성이 가장 높은 연령대였고, 소셜 미디어 플랫폼의 모든 광고, 비디오 및 게시물 덕분에 목표 청중이 매우 쉽게 정보를 접할 수 있었다. 참가자들에게 새로운 감자칩 맛에 대한 제안을 쉽게 제출할 수 있는 기능을 제공하는 페이지를 만들고, 제출자에게는 제출된 맛을 반영하여 제작된 과

자 레이즈(Lay's) 가방 이미지를 제공하였고, 참가자들은 소셜
미디어 플랫폼에서 다시 레이즈의 이미지를 공유하였다. 유명
셰프 마이클 시먼(Michael Symon)과 여배우 에바 롱고리아(Eva
Longoria)를 포함한 심사위원단이 고객의 제출 아이디어를 상
위 3위로 좁혀서 선별하고, 세 가지 맛을 매장에서 고객이 구매
하고 시식할 수 있도록 공급하였다. 펩시코는 공개 투표를 통
해 최종 결정을 공개하였고, 우승한 감자칩 맛을 만든 사람은
100만 달러 또는 우승한 맛 제품의 2013년 순 매출액의 1% 중
큰 금액을 받도록 하였다. 첫 캠페인은 무려 380만 건, 2014년
에는 1,400만 건이 넘는 응모작이 접수될 정도로 큰 성공을 거
둔다(Culliney, 2014). 펩시코는 목표 청중이 레이즈의 미래 비
즈니스 결정에 대해 목소리나 의견을 얻을 수 있도록 외부 크
라우드소싱을 활용하였고, 고객의 관심을 끌고 중요한 존재라
는 것을 인식시키면서 관계를 설정한 것이 진정한 성과라 할
수 있다.

마이소사이어티(mySociety)는 컴퓨터에 능통한 전문가들이
설립한 영국의 비영리단체로, 브랜드 미션이 '시민 사회 구성원
들의 삶이 디지털 수단을 통해 보다 더 민주화되는 것을 지원'
하는 것이라고 밝히고 있다(마이소사이어티 홈페이지). 이 단체
는 지금으로부터 15년 전인 2007년부터 영국에서 정부와 시민
의 양방향 소통이 가능한 디지털 기반의 행정서비스 플랫폼을
개발하여 무상으로 제공하고 있다. 시민이 거주하거나, 이동하

[그림 8-33] 고객으로부터 맛에 대한 제안을 받아들였던
'Do Us A Flavor' 웹사이트

출처: 구글 이미지

[그림 8-34] 고객으로부터 맛에 대한 제안을 받아들였던
'Do Us A Flavor' 페이스북 페이지

출처: 구글 이미지

고객 주도 혁신이 가능한 양방향 소통 설계

는 지역에서 발생한 여러 가지 문제, 즉 가로등, 도로의 싱크홀, 도로 위의 위험물질, 보도블록의 파손 등을 쉽게 신고할 수 있도록 만든 픽스마이스트리트(FixMyStreet)가 바로 그것이다. 문제를 발견한 최초의 사람만 쉽게 신고할 수 있는 것에 그치지 않고 다른 시민이 신고 내용을 보고, 경고를 받거나 하는 등 문제를 완전히 공개하였고, 데스크톱, 모바일 웹사이트, 모바일 앱 등 다양한 플랫폼에서 이용 가능하도록 하였다. 픽스마이스트리트는 시민이 제기한 신고를 실제로 정부에 보내고, 정부는 신고자가 제기한 지역의 문제를 해결하고 그 조치 결과를 등록하는 참여와 개방의 행정서비스를 제공하였다. 400개 이상의 지방 정부를 대상으로 200,000개 이상의 신고가 접수되었고, 신고를 경험한 시민의 숫자는 87,000명 이상으로 나타났다(픽스마이스트리트 홈페이지). 신고자 중 52%는 이전에는 지역 당국의 어떤 문제에 대해서도 신고한 경험이 없는 사람들로, 마이소사이어티가 추구한 디지털 기술 기반의 시민사회 참여의 핵심 청중이 바로 이들 '초심자' 그룹이었다(Myfanway, 2012). 픽스마이스트리트 플랫폼은 사람들이 지역에서 발생한 문제에 관심을 갖고, 웹, 앱 등 손쉬운 방식으로 문제를 접할 수 있도록 함으로써 투명성을 촉진하고 지방 정부가 사회적 책임을 다하도록 설계되었다. 정부의 조치 사항이 플랫폼에서 구현됨으로써 책임성과 신뢰성을 보였으며, 외부 전문가 그룹의 협업과 집단지성을 통해 구축한 디지털 공공소통 플랫폼이 시민의 자발적 참여와 지방 정부 서비스를 얼마나 효과적으로 개선할 수 있는 지에 대한 무한한 가능성을 보여 주는 사례이다.

[그림 8-35] 픽스마이스트리트 홈페이지

출처: 픽스마이스트리트 홈페이지

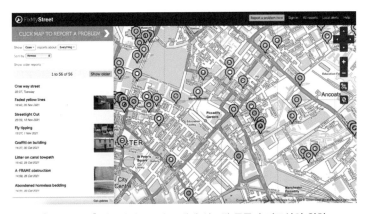

[그림 8-36] 픽스마이스트리트 내에 신고된 목록과 지도상의 위치

출처: 픽스마이스트리트 홈페이지

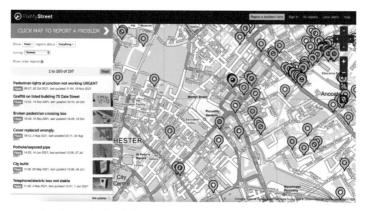

[그림 8-37] 픽스마이스트리트 내에 조치된 목록과 지도상의 위치

출처: 픽스마이스트리트 홈페이지

디지털 공공소통의 목표 설정과 평가 체계화

단기적 소통 활동에도 목표와 평가를

오랫동안 마케팅, 광고 분야에 종사한 이들에게 디지털 시대로의 전환이 가져온 커뮤니케이션에 있어 가장 큰 변화가 무엇인지 묻는다면 어떻게 답할 것인가? 어떤 이는 목표 청중이 마케팅 메시지를 접하는 미디어의 변화(전통 미디어인 TV, 신문, 잡지에서 디지털 시대에는 소셜 미디어, 웹사이트와 같은 디지털 미디어로의 전환)를 가장 우선으로 꼽을 것이다. 또 다른 전문가는 영리한 타기팅(호가든 맥주를 마시며 다이닝을 즐기는 29세 여성 전문직을 구체적으로 지정하는 것)이 가능하다는 점을 꼽을 수도 있다. 이 외에도 잠재 고객의 참여 옵션이 다양해졌다는 사실 (브랜드의 마케팅 노력에 대해 어떻게 생각하는지 물리적으로 볼 수 있다는 것, 공유되고, 좋아요의 적극적 행위, 긍정적 의견 형성)을 꼽기도 하고, 마지막으로 마케팅 활동을 쉽게 측정할 수 있다는 점(마케팅 목표에 대한 정량적 평가가 데이터 기반으로 가능)을 주장할 것이다.

앞에서 예시한 네 가지 중요한 변화에 대해 여러분의 생각은 어떠한가? 사실 네 가지 변화는 모두 공통점이 있다. 과거 커뮤니케이션 분야에서 '매우 중요한 요소이지만 조사 방식을 통해 간접적이고 제한적으로 확인할 수 있었던 특징을 가지고 있다'는 점이다. 디지털 전환이 가져온 의미는 디지털 기술을 기반으로 전통적으로 해소되지 못하였던 문제의 해결이 가능하다는 것이며, 따라서 디지털 공공소통을 과거의 소통과 비교하는 가장 큰 변화는 '모든 커뮤니케이션 활동이 데이터로 측정 가능하다'는 것이라 생각한다.

디지털 공공소통의 영역도 민간기업의 커뮤니케이션 활동과 마찬가지로 '캠페인 단위로 소통 활동에 대한 구체적 목표를 수립하고 결과를 측정 평가하는 데이터 기반의 프로세스를 체계화'할 필요가 있다. 소통 계획을 수립할 때 목표가 핵심이 되어야 한다. 정부 및 공공기관의 소통 분야에 종사하는 이들이라면 수립하고 있는 소통 계획에 '목표 수립'이 명시되어 있는지를 살펴보아야 한다. 유의할 것은 구체적이고, 측정 가능하고, 달성 가능하며, 관련성 있고, 일정한 시간을 고려한 목표를 설정해야 한다는 점이다. 예를 들어, '국민의 인식을 개선'하겠다는 목표는 '구체적 대상이 불분명하고, 인식의 수준과 어떤 시점에 달성할 것인지 명시되지 않았기 때문에 측정이 불가능하고 달성 여부도 알 수 없는' 이유로 좋은 예시가 될 수 없다. '○○○과 ○○에 대한 국민의 관심과 이해 제고'와 같은 목표, '○○○의 필요성에 대한 지지와 공감대 형성'과 같은 목표의 경우에도 동일한 이유로 좋은 예시로 부적합하다. 때론 소통의 목적 그 자체를 목표로 제시하는 경우도 종종 있다. 대표적인 유형으로 '○○○○의 중요성을 상기하고, 경각심 제고를 목적으로 집중적 홍보 실시'와 같은 것이 있다.

목표 수립에 대해서는 많은 생각과 이견이 있을 수 있다. 우선은 어렵다는 호소가 있을 것으로 보인다. 또 정책 수립을 위해 투여되는 시간도 부족한 마당에 소통 계획 수립의 구체성에 대해서는 여력이 없다는 의견도 있을 것이다. 그리고 공공 영역에서 이런 수준의 목표 수립이 필요한지에 대해서 말하는 사람도 있을 것이다. 어떤 의견도 무시할 수 없는 것은 현실적 이유가 있을 것이다. 하지만 정책을 만드는 것의 목표는 무엇인가? 국민의 삶에 직결되는 특정한 목적을 위함일 것이다. 순도 높은 정책과 서비스를 만드는 것만큼이나 그 정책과 서비스를 이용할 국민에게 정보가 효과적으로 전달되는 것도 중요하지 않겠는가? 아무리 잘 만든 정책도 정작 이용자가 모른다면 무슨 소용이 있겠는가?

목표 수립이 중요한 이유는 타깃을 지정하고, 목표의 수준을 제시하고, 달성을 위한 기간에 따라 공공소통의 활동이 달라지기 때문이다. 아니 달라져야 하기 때문이다. 목표에 따라 '미디어 선정, 콘텐츠 전략 방향'과 같은 소통 전술 계획이 달라진다. 극단적으로 소통 목표가 제시되지 않는다면 소통 의제가 '탄소중립이건, 복지정책이건 간에 제작되는 콘텐츠 소재만 다를 뿐 소통 계획은 사실 달라질 이유가 없다. 영상 콘텐츠를 만들어서 유튜브에 게시하고, 인플루언서와 협업하여 영상을 해당 채널에 노출하며, Q&A 내용 중심으로 블로그 콘텐츠를 제작 및 확산, KTX 전광판, 서울 시내 도심 전광판에 캠페인 영상을 공유하는 등의 소통 계획은 '탄소중립 소통 계획, 복지정책 소통 계획' 어디에 들어가도 구분이 불가능하고, 구분할 이유조차 없다. 소통 목표는 왜 영상 콘텐츠를 제작해야 하는지, Q&A 내용을 왜 작성하여 노출해야 하는지, 인플루언서와의 협업은 왜 필요한지, KTX 전광판의 활용 목적은 무엇인지에 대한 방향을 결정하는 것으로 모든 커뮤니케이션 콘텐츠와 미디어 선정은 목표 달성을 향한 진전을 제공하도록 설계하는 기준이 되는 것이다.

다시 한번 강조하지만 명확한 목표 없이 효율적인 소통을 한다는 것은 불가능하다. 커뮤니케이션 목표는 기관의 브랜드 미선을 포함한 목표와 일치하도록 하고, 기관이 가진 비전과 가치를 커뮤니케이션 전략에 반영하는 것이 바람직하다. 보통 기관의 목표는 장기적이고 광범위하지만, 소통의 목표는 기관의 장기적 목표를 지원하는 관점이 고려되어야 한다.

기관의 목표가 소통의 목표로 정리되는 과정을 예시로 보면 다음과 같다. 기관의 목표가 '흡연 관련 사망자 감소'라고 한다면 소통 목표는 '(사망 감소와 인과성이 클 것으로 밝혀진 프로그램에 대해) 30대 흡연자의 ○○○ 프로그램 참여를 현재의 20%에서 향후 3개월 이내 40%로 높이는 것'이 될 수 있다. 정부가 행하는 소통 활동의 대다수는 정부 정책을 시행하거나 사회를 개선하기 위해 행동을 변화시키려는 것이다. 소통 목표는 소통의 대상이 되는 정책, 서비스, 문제에 대한 인식을 높이거나 사람들의 태도를 바꾸는 것이 포함된다. 하지만 인식을 높이는 것은 모든 소통 활동의 중간 단계에 해당하기 때문에 행동 변화를 지향하는 것이 더욱 바람직하다. 물론 즉각적으로 행동을 변화시키는 것이 불가능한 경우에는 인식에 관한 변화도 목표로서 활용 가능하다.

성공적 소통 계획을 위해 목표에 대해 충분히 숙고하고 고려하여 설정되고 나면, 소통 전략의 모든 측면에 대해 설정된 목표에 대한 실질적 달성을 위해 효과적인 모니터링 절차를 설계해야 한다. 목표 수립 못지않게 모니터링 및 평가는 소통 활동의 성공 여부를 결정하는 데 필수적이다. 소통 계획은 추진 그

08 디지털 공공소통 전략

자체에 머무르는 것이 아니라 구체적인 결과에 초점을 두어야 하고, 수립된 목표는 소통 과정이 순조롭게 진행되고 있는지 정기적으로 검토되어야 한다.

모니터링은 소통 계획의 실행과 결과에 대한 정보를 일상적으로 추적하고 보고하는 것이다. 모니터링은 소통 전략의 초기 단계에서 설정한 목표와 관련하여 무슨 일이 일어나고 있고 어떤 진전이 있었는지 측정하는 것을 목표로 한다. 평가는 특정 소통 프로그램의 가치, 특성 및 결과에 대한 엄격하고 과학적 기반의 정보 수집을 의미한다. 평가의 과정은 소통 프로그램을 개선하고 향후 예산, 인력, 기타 자원 할당에 대한 결정에 사용된다. 평가는 목표의 달성과 실패에 대한 이유를 설명하고 중요한 교훈을 식별하고 공유하는 것을 목표로 한다. 보편적으로 평가는 소통 활동의 관련성, 효과성, 효율성, 영향 및 지속가능성에 대한 판단을 포괄한다. 유의할 것은 모니터링과 평가가 소통 활동이 완전히 종료된 시점이 아니라 진행 상황 중에 실시되면 소통 계획의 개선과 효율적인 리소스 사용으로 소통 활동 전반을 개선하는 데 유용하다는 것이다.

모니터링을 통한 평가의 유용성은 너무 많아 일일이 나열하기 어려운데, 몇 가지 설명하면 다음과 같다. 소통 목표 및 목적, 우선순위 및 자원 할당을 검토할 때 정확한 정보를 제공하여 의사 결정에 긍정적 영향을 미친다. 즉, 소통 프로그램의 실행 결과 소통 효과의 수준에 대한 지식을 가지게 되고, 관리자와 직원에게 공유하여 향후 소통 활동에 대한 정확한 정보와 우수한 소통 관리 관행을 지원하게 된다. 그리고 소통 프로그램이 효과적이고 효율적으로 작동하는지 여부를 결정하기 위한 노력을 보여 줌으로써 기관 전체에 소통 성과에 대한 공동의 책임의식을 높인다. 영국 정부 커뮤니케이션 전담 조직인(GCS)의 디렉터였던 알레스 아이켄(Alex Akien)은 "정부 커뮤니케이션을 측정하지 않는 것은 게으르고, 수행 중인 소통 활동에 대한 자부심이 부족함을 보여 주는 것"이라고 설명한다(James, 2017). 마르스 커뮤니케이션즈(Marx Communications)의 웬디 마르스(Wendy Marx) 사장은 소통 활동의 측정 이점에 대해 다음과 같이 설명한다. "캠페인 결과에 대한 더 나은 이해를 제공, 모든 플랫폼에서 영향의 차이를 검증, 소통 캠페인의 효과를 비교, 소통 전략에 대한 투자 가치를 확인, 기관의 전문가가 조직에 자신의 가치를 증명하는 것이 평가와 측정에서 기인한다"(Robbins, 2019).

강정석 외(2010). 정부신뢰와 소통 제고를 위한 Public Relations 시스템 구축. 기본연구과제, 2010, 1-519.

길재식(2017. 7. 27.). 카카오뱅크, 시간당 1만 계좌 유입 '돌풍'… "불편함이 세상을 바꿨다". 전자신문. https://m.etnews.com/20170727000297

김병희, 김지혜, 유현재(2015). 정부기관 홍보 전략의 방향성 탐색: 질병관리본부에 대한 FGI 결과. 광고 PR 실학연구, 8(2), 9-39.

김예나(2021. 9. 13.). 어떤 복지 혜택 받을 수 있을까… "국민비서가 알려드려요". 연합뉴스. https://news.naver.com/main/read.naver?mode=LSD&mid=sec&sid1=100&oid=001&aid=0012671863

김지혜, 김병희(2017). 소셜 미디어를 이용한 정부PR 연구: 정부PR 실무자와 SNS 전문가의 인식 차이를 중심으로. 광고PR실학연구, 10(1), 32-67.

김현정, 김운한(2017). SNS를 활용한 정책 PR 콘텐츠 내용분석: 페이스북과 블로그를 중심으로. OOH 광고학연구, 14(2), 42-68.

김현주(2021. 7. 19.). "'선별진료소 혼잡도 알림' 효과 괜찮네~!". 세계

일보. https://news.naver.com/main/read.naver?mode=LSD&mi
d=sec&sid1=102&oid=022&aid=0003601516

류인하(2021. 10. 31.). 백신 접종 안내해 준 '구삐'…내 손 안의 만능비
서 될까. 경향신문. https://www.khan.co.kr/national/national-
general/article/202110312124005

문형남(2021. 8. 27.). [문형남 칼럼] '비전'이 무엇인지 알 수 없는
대한민국 행정기관. 아주경제. https://www.ajunews.com/
view/20210826091042467

민경세(2015). 행정기관의 소셜 미디어를 통한 정책참여에 관한 연구.
서울행정학회포럼, 4, 49-52.

박사라(2021. 9. 5.). '나도 받나' 국민지원금 궁금하다면…'국민
비서' 신청하세요. 중앙일보. https://www.joongang.co.kr/
article/25004478#home

박형재(2017). 데이터로 본 정부의 공공PR 현황. https://www.the-pr.
co.kr/news/articleView.html?idxno=25134

이광호(2021. 6. 9.). 올해만 은행 점포 39개 사라져…"하반기 100
여 개 더 닫는다". 아시아경제. https://cm.asiae.co.kr/article/
2021060914033841957

이길주(2021. 5. 15.). 삶이 편해지는 스마트 주문 결제 솔루션 다방면
포진. 정보통신신문. https://www.koit.co.kr/news/articleView.
html?idxno=84054

임지민(2017. 5. 16.). 7-Eleven launches smart convenience store
with Lotte. 코리아헤럴드. http://www.koreaherald.com/view.
php?ud=20170516000784

조정열(2004). 인크로치먼트를 통해 본 한국 정부 홍보책임자들의 전
문성 연구. 홍보학연구, 8(1), 46-69.

한정호, 박노일(2010). 정책홍보에 있어 트위터를 활용한 정책담론 형성 가능성에 관한 연구. 한국방송광고공사 연구보고서.

KPR소셜커뮤니케이션연구소(2015). 국내 기업 및 기관 소셜 미디어 운영현황 및 트렌드. http://www.slideshare.net/BeckyKim/2015-kpr

Abramo, L., & Onitiri, R. (2010). The impact of a strong communications strategy in a large program of work. Paper presented at PMI® Global Congress 2010-North America, Washington, DC. Newtown Square, PA: Project Management Institute.

Adu-Oppong, A. A., & Agyin-Birikorang, E. (2014). Communication in the workplace: Guidelines for improving effectiveness. *Global journal of commerce & management perspective, 3*(5), 208-213.

Adyen (2020). Brompton: Making tracks with global payments. https://www.adyen.com/blog/brompton-and-global-payments

Ainsworth, P. (2019). On yer Bike: The Digital Transformation Journey of an Iconic British Brand. https://cxm.co.uk/on-yer-bike-the-digital-transformation-journey-of-an-iconic-british-brand/

Akopyan, M. (2017). Red Bull Media House is a content-creating machine. https://www.alistdaily.com/media/inside-red-bulls-media-marketing-strategy/

Allison, D. (2017). How Chick-fil-A is using predictive analytics

to map its U.S. expansion. https://www.bizjournals.com/
milwaukee/bizwomen/news/latest-news/2017/09/how-chick-
fil-a-is-using-predictive-analytics-to.html

Amos, J. (2012). Skydiver Felix Baumgartner breaks sound barrier.
https://www.bbc.com/news/science-environment-19943590

Ayoubi, A. (2017). IKEA Launches Augmented Reality Application.
https://www.architectmagazine.com/technology/ikea-
launches-augmented-reality-application

Batra, R., & Keller, K. L. (2016). Integrating Marketing Communications:
New Findings, New Lessons, and New Ideas. *Journal of
Marketing, 80*(6), 122-145.

Bergstrom, B. (2017). Red Bull marketing strategy: What you need to
know (And how to copy it). https://coschedule.com/blog/red-
bull-marketing-strategy

Bloomberg, J. (2014). Digital Transformation by Any Other Name?.
https://www.forbes.com/sites/jasonbloomberg/2014/07/31/
digital-transformation-by-any-other-name/?sh=b4e6cd06b999

Boniface, E. A. (2019). How Walmart Adapts Customer Experience
For The Digital Shopper. https://commercenext.com/how-
walmart-adapts-customer-experience-for-the-digital-
shopper/

Boogaard, K. (2019). How to increase adoption of branding
guidelines. https://www.wrike.com/blog/increase-adoption-
branding-guidelines/

Bryan, J. (2018). 2018 top priorities for customer service and
support. https://www.gartner.com/smarterwithgartner/2018-

top-priorities-for-customer-service-and-support

Buettner, R. (2020). The Top 10 Digital Customer Experience Tools For The E-Commerce Tech Stack. https://blog.styla.com/en/top-10-digital-customer-experience-tools-for-the-e-commerce-tech-stack

Businessfirst (2019). The R&A launches new website to enhance fan experience. https://www.businessfirstonline.co.uk/articles/the-ra-launches-new-website-to-enhance-fan-experience/

Capgemini (2018). Digital Leadership: An interview with Barbara Martin Coppola, IKEA. https://www.capgemini.com/research/digital-transformation-review-twelfth-edition/industry-leader-perspectives-barbara-martin-coppola-ikea/

Carson, B. (2017). IKEA Buys Faded On-Demand Darling TaskRabbit To Make Furniture Assembly Easier. https://www.forbes.com/sites/bizcarson/2017/09/28/ikea-buys-faded-on-demand-darling-taskrabbit-to-make-furniture-assembly-easier/?sh=1b9a8d066235

Clifford, C. (2019). Meatballs and DIY bookcases: The psychology behind Ikea's iconic success. https://www.cnbc.com/2019/10/05/psychology-behind-ikeas-huge-success.html

ClubIntel (2017). The Customer Experience - The New Competitive Battleground. https://www.club-intel.com/wp-content/uploads/The-Customer-Experience-Customer-Experience-Mapping.pdf

Colicev, A., Malshe, A., Pauwels, K., & O'Connor, P. (2018). Improving consumer mindset metrics and shareholder value through social media: The different roles of owned and earned media. *Journal of Marketing, 82*(1), 37-56.

Conversocial (2020). How Digital Innovation Helped Whirlpool Create Seamless CX and a Connected Field Team. https://www.conversocial.com/customer-stories/whirlpool

Cooper, K. (2018). The Sears Bankruptcy and a Flawed Customer Experience: Interview with a Brand Strategist. https://www.customercontactweekdigital.com/customer-loyalty-brand-advocates/articles/the-sears-bankruptcy-and-a-flawed-customer-experience

Costa, C. D. (2018). How to create a brand story that connects with audiences and drives dales. https://www.forbes.com/sites/celinnedacosta/2018/01/31/how-to-create-a-brand-story-that-connects-with-audiences-and-drives-sales/?sh=65eb4e363d34

Court, D., Elzinga, D., Mulder, S., & Vetvik, O. J. (2009). The consumer decision journey. https://www.mckinsey.com/business-functions/marketing-and-sales/our-insights/the-consumer-decision-journey

Culliney, K. (2014). The first campaign was a huge success, with a whopping 3.8 million and in 2014 over 14 million submissions. https://www.bakeryandsnacks.com/Article/2014/07/24/PepsiCo-CEO-Flavor-campaigns-bolstered-snacks

Daalderop, C. (2018). How Red Bull gives wings to employer branding. https://linkhumans.com/red-bull/

Dandu, R. (2015). What is branding and why is it important for your business?. https://www.brandingmag.com/2015/10/14/what-is-branding-and-why-is-it-important-for-your-business/

Dignan, L. (2020). Walmart, Target, Home Depot and Lowe's: How their digital strategies paid off. https://www.zdnet.com/article/walmart-target-home-depot-and-lowes-how-their-digital-strategies-paid-off/

Easley, K. (2021). A Look Inside Chick-fil-A's Customer Digital Experience Team. https://www.linkedin.com/pulse/look-inside-chick-fil-as-customer-digital-experience-kelli-easley

Edelman (2019). Trust Barometer special rerpot: In Brands We Trust?. https://www.edelman.com/sites/g/files/aatuss191/files/2019-06/2019_edelman_trust_barometer_special_report_in_brands_we_trust.pdf

Elsbach, K. D., & Stigliani, I. (2018). Design thinking and organizational culture: A review and framework for future research. *Journal of Management, 44*(6), 2274-2306.

eTail Boston Conference (2020). How Home Depot is Upgrading Their Customer Experience Strategy & More···. https://etaileast.wbresearch.com/blog/home-depot-omnichannel-strategy

European eGovernment Action Plan 2016~2020. https://wayback.archive-it.org/12090/20200911081915/https://ec.europa.eu/digital-single-market/en/news/ministerial-declaration-egovernment-tallinn-declaration

Figaro Digital (2020). Brompton Bicycle Digital Transformation. https://figarodigital.co.uk/case-study/ngoar-brompton-bicycle-digital-transformation/

Gallo, S. (2019). What's old is new again: Why earned media is

rising in importance. https://inksights.rep-ink.com/2019/03/
whats-old-is-new-again-why-earned-media-is-rising-in-
importance/

Gryboski, M. (2018). Life Church has grown to 30 campuses and
85,000 attendees. https://www.christianpost.com/news/life-
church-has-grown-to-30-campuses-and-85000-attendees.html

Iezzi, T. (2012). Red Bull CEO Dietrich Mateschitz on brand as media
company. https://www.fastcompany.com/1679907/red-bull-
ceo-dietrich-mateschitz-on-brand-as-media-company

Inviqa (2016). Brompton grows ecommerce revenue by 122%.
https://inviqa.com/case-studies/brompton

Jackson, K. (2019). The Open: Royal Portrush attendance second-
highest in history. https://www.skysports.com/golf/the-open/
news/14866/11764913/the-open-royal-portrush-attendance-
second-highest-in-history

James, S. B. (2017). Not measuring PR properly shows a lack of
pride in your work, says Alex Aiken. https://www.prweek.
com/article/1446688/not-measuring-pr-properly-shows-lack-
pride-work-says-alex-aiken

Kaburuan, E. R., Chen, C. H., & Jeng, T. S. (2012). Isn't It Real?:
Experiencing the Virtual Church in Second Life®. In Handbook
of Research on Practices and Outcomes in Virtual Worlds and
Environments (pp. 270-287). IGI Global.

Kelso, A. (2020). Chick-fil-A Named America's Favorite Restaurant
Chain For The Sixth Straight Year. https://www.forbes.
com/sites/aliciakelso/2020/06/30/chick-fil-a-named-

americas-favorite-restaurant-chain-for-the-sixth-straight-
year/?sh=444bb2e35d7a

Kelso, A. (2021). Chick-fil-A scores highest 'brand intimacy' marks
among QSRs during the pandemic. https://www.restaurantdive.
com/news/chick-fil-a-scores-highest-brand-intimacy-marks-
among-qsrs-during-the-pan/593541/

Kemp, N. (2012). Six marketing lessons from Red Bull Stratos.
https://www.campaignlive.co.uk/article/six-marketing-
lessons-red-bull-stratos/1155718

Kemp, S. (2019). Digital 2019: Global digital overview. https://
datareportal.com/reports/digital-2019-global-digital-overview

Kirkpatrick, D. (2016). Google: 53% of mobile users abandon sites
that take over 3 seconds to load. https://www.marketingdive.
com/news/google-53-of-mobile-users-abandon-sites-that-
take-over-3-seconds-to-load/426070/

Kolmar, C. (2021). 23 Must-know customer experience statistics
(2021): The benefits of a positive customer experience. https://
www.zippia.com/advice/customer-experience-statistics/

Kong, S. (2020). Energy Drink Market. https://bettermarketing.
pub/how-red-bull-dominates-the-us-energy-drink-market-
eb9543f1f659

Kulbyte, T. (2021). 37 Customer experience statistics you need to
know for 2022. https://www.superoffice.com/blog/customer-
experience-statistics/

Lauchlan, S. (2015). The Home Depot-building the Do-It-For-
Me customer experience. https://diginomica.com/the-home-

depot-building-the-do-it-for-me-customer-experience

Lee, M. Y., & Oh, K. Y. (2006). An exploratory study on brand personality: the case of a traditional casual brand in Korea. *Journal of Fashion Business, 10*(6), 79-90.

Leonte, T. (2019). The Open-'Best Business Impact'. https://www. tec-agency.com/the-open-best-business-impact-award/

Lieber, C. (2018). Why bankrupt Toys R Us might not be dead after all. https://www.vox.com/the-goods/2018/10/3/17932344/ toys-r-us-liquidation-coming-back

Lumen (2017). Principles of marketing. https://courses.lumenlearning. com/wmopen-principlesofmarketing/chapter/reading-situational-factors/

Lumencandela (2018). The Consumer Decision Process. https:// courses.lumenlearning.com/boundless-marketing/chapter/the-consumer-decision-process/

MacDonald, S. (2021). 7 Ways to create a great customer experience strategy. https://www.superoffice.com/blog/customer-experience-strategy

Maddox, T. (2017). Chick-fil-A's digital transformation includes data-driven decisions. https://www.techrepublic.com/article/ chick-fil-as-digital-transformation-includes-data-driven-decisions/

Made Here Now (2019). Case Studies: Brompton Bicycle. https:// www.madeherenow.com/case-studies/brompton/

Marland, A., Lewis, J. P., & Flanagan, T. (2017). Governance in the age of digital media and branding. *Governance, 30*(1), 125-141.

McGrath, M. (2019). The Importance of Search Engine Optimization (SEO). https://alterendeavors.com/search-engine-optimization-seo-importance/

McKinsey (2015). Marketing & sales big data, analytics, and the future of marketing & sales. https://www.mckinsey.com/~/media/McKinsey/Business%20Functions/Marketing%20and%20Sales/Our%20Insights/EBook%20Big%20data%20analytics%20and%20the%20future%20of%20marketing%20sales/Big-Data-eBook.ashx

McKinsey (2018). McKinsey on Government: The customer-experience puzzle. https://www.mckinsey.com/~/media/mckinsey/industries/public%20and%20social%20sector/our%20insights/customer%20experience%20in%20the%20public%20sector/mckinsey-on-government-solving-the-customer-experience-puzzle.pdf

McKinsey (2019). The helix organization. https://www.mckinsey.com/business-functions/people-and-organizational-performance/our-insights/the-helix-organization

Megan, M. (2020). IKEA: Digitzing supply chains to win on customer experience. https://digital.hbs.edu/platform-digit/submission/ikea-digitzing-supply-chains-to-win-on-customer-experience/

Michigan Tech (2016). Five Ways to Improve your Site's Ranking (SEO). https://www.mtu.edu/umc/services/websites/seo/

Myfanway (2012). FixMyStreet-another big number. https://www.mysociety.org/2012/01/24/fixmystreet-another-big-number/

Noise, B. (2018). What is the customer decision journey and why you should care. https://brilliantnoise.com/blog/what-is-the-customer-decision-journey-and-why-you-should-care/

Olsen, L. E. (2018). Future of branding in the digital age. https://www.idunn.no/at-the-forefront/chapter-5-future-of-branding-in-the-digital-age

Olsen, L. E., & Peretz, A. (2011). Conscientious brand criteria: A framework and a case example from the clothing industry. *Journal of Brand Management, 18*(9), 639-649.

Omnicore (2021). Instagram by the Numbers: Stats, Demographics & Fun Facts. https://www.omnicoreagency.com/instagram-statistics/

Patel, S. (2021). A complete guide to successful brand positioning. https://blog.hubspot.com/sales/brand-positioning-strategy

Pemberton, C. (2018). Key findings from the Gartner customer experience survey. https://www.gartner.com/en/marketing/insights/articles/key-findings-from-the-gartner-customer-experience-survey

Perigo, C. (2021). Evidence of Digital Transformation at Home Depot. https://towardsdatascience.com/evidence-of-digital-transformation-at-home-depot-bd1161935c57

Robbins, T. (2019). How To Best Measure PR Campaigns-Because It's No Longer Optional. https://burrelles.com/how-to-best-measure-pr-campaigns-because-its-no-longer-optional-2/

Rogers, G. C. (2014). Red Bull-It gives you wings! An examination of the emotional experiences that drive the brand for the popular

energy drink. http://jis.athabascau.ca/index.php/jis/article/
view/133/139

Shaw, M. (2020). Why Google is the Best Search Engine (and
Why Businesses Should Care)-In My Opinion. https://www.
towermarketing.net/blog/google-best-search-engine/

Singleton, M. (2018). SpaceX's Falcon Heavy launch was YouTube's
second biggest live stream ever. https://www.theverge.
com/2018/2/6/16981730/spacex-falcon-heavy-launch-
youtube-live-stream-record

Sitecore (2019). The R&A tees up engaging new site for The Open.
https://www.sitecore.com/customers/entertainment/the-open-
championship

Smack (2019). What is a microsite?. https://smack.agency/blog/
microsites/what-is-a-microsite/

Socialsupermanager (2020). The most successful digital marketing
campaign of all times! https://socialsupermanager.com/2020/
01/14/the-most-successful-digital-marketing-campaign-of-all-
times/

Sprout Social (2016). The Sprout Social Index, Edition VIII: Turned
Off. https://sproutsocial.com/insights/data/q3-2016/

Srivastava, S. (2020). Understanding and improving e-Government
website usage. https://www.hec.edu/en/knowledge/articles/
understanding-and-improving-e-government-website-usage

Statista (2020). Hours of video uploaded to YouTube every minute as
of February 2020. https://www.statista.com/statistics/259477/
hours-of-video-uploaded-to-youtube-every-minute/

Taylor, D. (2017). The Brandgym: A Practical workout for growing brands in a digital age-3rd Edition. London, UK: RedDoor Publishing.

Tec: agency (2020). The Open-One project, one digital transformation. https://www.tec-agency.com/case-study-the-open/

The Marketing Society (2019). Interview with Kevin McQuillan. https://www.marketingsociety.com/member-interviews/interview-kevin-mcquillan

The Oklahoman (2020). Use of Life.Church's online platform continues to climb. https://www.oklahoman.com/article/5658773/use-of-lifechurchs-online-platform-continues-to-climb

Vaidya, M. (2012). RED BULL-The "Killer" content king. https://socialmediaunleashed.wordpress.com/2012/07/17/red-bull-the-killer-content-king/

Vijayaraja, N. (2018). Q&A with Perficient Digital's Rick Bauer: Successful Website Relaunches with Sitecore. https://blog.coveo.com/qa-with-perficients-rick-bauer-successful-website-relaunches-with-sitecore/

Wallace, T. (2017). Home Depot's Innovative, Successful Multichannel Strategy Your Brand Should Copy. https://www.bigcommerce.com/blog/home-depot-multichannel-strategy/#undefined

Wasserman, T. (2015). The Red Bull Effect: Why more brands are creating their video content in-house. https://www.prweek.com/article/1374270/red-bull-effect-why-brands-creating-video-content-in-house

Waxman, O. B. (2014). The 13 Most Influential Toys of All Time. https://time.com/3089384/influential-toys/

Wharton Business Daily (2018). What Went Wrong: The Demise of Toys R Us. https://knowledge.wharton.upenn.edu/article/the-demise-of-toys-r-us/

Wikipedia. 유타주. https://ko.wikipedia.org/wiki/%EC%9C%A0%ED%83%80%EC%A3%BC

Wikipedia. 팰컨9. https://ko.wikipedia.org/wiki/팰컨_9

Wikipedia. Chick-fil-A. https://en.wikipedia.org/wiki/Chick-fil-A

Writers, O. (2021). The new, post-coronavirus open innovation. https://opinno.com/insights/new-post-coronavirus-open-innovation

구글 https://www.google.co.kr

국가보훈처 홈페이지 https://www.mpva.go.kr

국민비서 홈페이지 https://www.ips.go.kr/pot/forwardMain.do

국토교통부 홈페이지 http://www.molit.go.kr

디오픈 챔피언십 홈페이지 https://www.theopen.com

라이프처치 홈페이지 https://www.life.church

라이프 Metrics 홈페이지 https://churchmetrics.com

레고 아이디어스 홈페이지 https://ideas.lego.com

레드불 홈페이지 https://www.redbull.com

마이소사이어티 홈페이지 https://www.mysociety.org

미국 유타주 홈페이지 https://www.utah.gov

보건복지부 홈페이지 http://www.mohw.go.kr

브롬톤 홈페이지 https://www.brompton.com

서울시 홈페이지 https://www.seoul.go.kr

스마트서울맵 홈페이지 https://map.seoul.go.kr

스틸라 블로그 https://blog.styla.com

스페이스엑스 홈페이지 https://www.spacex.com

우버 홈페이지 https://brand.uber.com/kr/en/

월마트 홈페이지 https://corporate.walmart.com

월풀 홈페이지 https://www.whirlpoolcorp.com

유버전 홈페이지 https://www.bible.com

유튜브 https://www.youtube.com

이케아 홈페이지 https://www.ikea.com

질병관리청 홈페이지 https://www.kdca.go.kr

칙필레 홈페이지 https://www.chick-fil-a.com

태스크래빗 홈페이지 https://www.taskrabbit.com

픽사베이 https://pixabay.com

픽스마이스트리트 홈페이지 https://www.fixmystreet.com

한국판뉴딜 마이크로사이트 https://www.knewdeal.go.kr

홈디포 홈페이지 https://corporate.homedepot.com

화성시 통합예약 시스템 홈페이지 https://reserve.hscity.go.kr

환경부 홈페이지 http://www.me.go.kr

LG글로벌챌린저 홈페이지 http://www.lgchallengers.com/global_
main

저자 소개

김정렴(Kim, Jungryum)

문화체육관광부 디지털소통기획과장으로 재직 중이며, 공공 영역의 소통 업무를 하고 있다. 광고회사 및 미디어회사에서 일을 하였고, 임산부 배려를 위한 IoT 기반의 디지털 캠페인 '핑크라이트'를 기획하여 세계 3대 광고제인 뉴욕 페스티벌 파이널리스트를 수상하였다. 국민의 인식 변화를 넘어 행동을 변화시키고, 디지털 고객 경험을 높이는 브랜드 기반의 공공소통에 관심이 많다.

저서로는 『오토바이로 모기를 잡아라-광고보다 재미있는 세계의 공공캠페인』, 『인식 개선을 넘어 행동을 바꾸는 디지털 공공소통』이 있다.

학지컴인사이트총서 008

디지털 고객 경험을 브랜딩하는 공공소통
Public communication to brand the digital customer experience

2022년 3월 15일 1판 1쇄 인쇄
2022년 3월 25일 1판 1쇄 발행

지은이 • 김정렴

펴낸이 • 김진환

펴낸곳 • ㈜ **학지사**

04031 서울특별시 마포구 양화로 15길 20 마인드월드빌딩

대표전화 • 02-330-5114   팩스 • 02-324-2345

등록번호 • 제313-2006-000265호

홈페이지 • http://www.hakjisa.co.kr

페이스북 • https://www.facebook.com/hakjisabook

ISBN 978-89-997-2660-6 03320

정가 15,000원

출판 · 교육 · 미디어기업 **학지사**

간호보건의학출판 **학지사메디컬** www.hakjisamd.co.kr
심리검사연구소 **인싸이트** www.inpsyt.co.kr
학술논문서비스 **뉴논문** www.newnonmun.com
교육연수원 **카운피아** www.counpia.com

.